DIE
BESTEHT
KAAS
AUS
APPE
ZU 3/4
AUS
APPE
BURGERAMT
OHIO STATE

D1746459

VANESSA SEIFERT & TAN ERBAS

DEUTSCHRAP

UNDER COVER

DIE GESCHICHTE HINTER DEN **ARTWORKS** VON ANFANG DER 90ER BIS HEUTE

FÜR JEDEN NERD UND ALLE, DIE IHRE LEIDENSCHAFT GEFUNDEN HABEN.

DISCLAIMER

Wir haben versucht, eine Bandbreite von Alben abzubilden, die wichtig für Deutschrap waren und deren Cover verschiedene grafische Stile zeigen. Es gibt noch so viele weitere, die die Aufnahme verdient gehabt hätten, doch dann wäre dieses Buch nie fertig geworden.

DAS INTRO
VORWORT

Braucht es wirklich ein Buch über Alben-Cover? Im Endeffekt handelt es sich doch nur um Bilder, die Musik umhüllen oder die sich vielleicht ganz gut auf Social Media-Kanälen machen, oder?

Doch Plattencover sind Zeitzeugen, Ausdruck einer Zeit, schaffen es, die Stimmung eines ganzen Albums einzufangen – oder sind manchmal eben wirklich einfach nur ein hübsches Bild. Wir verbinden mit ihnen wichtige Phasen unseres Lebens, die uns der bloße Anblick eines Covers zurück ins Gedächtnis ruft, oder wir empfinden Sympathie, wenn wir die Lieblingsplatte bei jemandem im Plattenregal entdecken. Manchmal vergessen wir den Plattentitel, aber das Bild bleibt uns im Kopf.

Gelegentlich griffen wir zu einem Album, weil uns irgendwas am Artwork ansprach – manchmal entdecken wir so KünstlerInnen, die uns auch musikalisch in ihren Bann zogen. Oder wir rahmten unsere liebsten Platten und erhielten so erschwingliche Kunstwerke, um damit die Wände unserer Wohnungen zu schmücken.

Es gibt RapperInnen, die sofort Bilder im Kopf haben, wenn sie an ihren Songs arbeiten, wieder anderen ist die Verpackung völlig egal. Andere wiederum arbeiten mit Kreativen zusammen, um ihre Songs auf die bestmögliche Art und Weise zu visualisieren, oder überlegen sich ganze Alben-Konzepte, die vom Cover bis zum Bühnenoutfit alles beinhalten. Manche suchen sich Dienstleistende, die ihre Ideen umsetzen, andere lassen ihre Musik sprechen und den GrafikerInnen freie Hand. Dann und wann sind Details und Songreferenzen auf dem Cover versteckt, oder die Artworks samplen andere Kunstwerke. Manchmal steckt eine große künstlerische Idee dahinter und ein anderes Mal war es nur ein Schnappschuss.

Doch häufig ist genau dieses Motiv, das die Musik umhüllt, verantwortlich dafür, dass wir uns zu einer Platte oder einem Song hingezogen fühlen und uns mit dem Sound dahinter auseinander setzen. Wir haben mit den RapperInnen über ihre Cover gesprochen und uns mit den GrafikerInnen und FotografInnen unterhalten, die die Musik in eine Bildform gebracht haben. Wir wollten wissen, wie die Idee dahinter aussah, wie die Zusammenarbeit ablief und was vielleicht auch schief gegangen ist. Diese Stories haben wir aufgeschrieben.

Das Album-Cover ist meist das erste, das wir mitbekommen, wenn MusikerInnen neue Releases ankündigen und wir wollten gerade mit den Leuten sprechen, die für den passenden ersten Eindruck sorgen.

INHALTSVERZEICHNIS

WANN?	INHALT?	WO?
	Das Intro	Seite 7
	Wie alles begann	Seite 21
	Wie es entstand	Seite 23
	Das Burgeramt	Seite 29
1994	Direkt aus Rödelheim RÖDELHEIM HARTREIM PROJEKT	Seite 33
1996	Fenster zum Hof STIEBER TWINS	Seite 35
1996	Kopfnicker MASSIVE TÖNE	Seite 36
1997	Kopfnicker MASSIVE TÖNE	Seite 37
1998	Unter Tage RAG	Seite 39

INHALTSVERZEICHNIS

WANN?	INHALT?	WO?
1998	Fettes Brot lässt grüßen FETTES BROT	Seite 41
1998	Sillium FÜNF STERNE DELUXE	Seite 43
1998	G.B.Z. Oholika SPEZIALIZTZ	Seite 45
1998	Überflieger nach vorn DIE L.P.	Seite 47
	Alles für den Status TEXT VON ALEX BARBIAN	Seite 48
2000	Feuerwasser CURSE	Seite 53
2000	Battlekings WESTBERLIN MASKULIN	Seite 55
2000	Deluxe Soundsystem DYNAMITE DELUXE	Seite 57

INHALTSVERZEICHNIS

WANN?	INHALT?	WO?
2001	Pottential RAG	Seite 59
2001	Von innen nach aussen CURSE	Seite 61
2001	eins A BLUMENTOPF	Seite 63
2002	Der beste Tag meines Lebens KOOL SAVAS	Seite 65
2004	Rapper's Delight MELBEATZ	Seite 67
2006	Halloziehnation MARSIMOTO	Seite 69
2007	Aus Liebe zum Spiel SNAGA & PILLATH	Seite 71
2009	Versager ohne Zukunft KAMP ONE & WHIZZ VIENNA	Seite 73

INHALTSVERZEICHNIS

WANN?	INHALT?	WO?
2009	MIYO! KITTY KAT	Seite 75
2009	T.A.F.K.A.A.Z. :D KAAS	Seite 77
2009	Rotwild FIVA	Seite 79
2010	Wir sind Freunde und darum machen wir Musik HAMMER & ZIRKEL	Seite 81
2010	Der Mann im Haus HARRIS	Seite 83
	Sind Cover heute noch wichtig? TEXT VON VANESSA SEIFERT	Seite 84
2011	SchwarzWeiß/Up2Date SAMY DELUXE	Seite 89
2012	Leidkultur AMEWU	Seite 91

INHALTSVERZEICHNIS

WANN?	INHALT?	WO?
2012	Nr. 414 XATAR	Seite 93
2013	Triebwerke ALLIGATOAH	Seite 95
2013	Eksodus EKO FRESH	Seite 97
2013	Zum Leben verurteilt SAID	Seite 99
2013	Endlich Unendlich MEGALOH	Seite 101
2014	Kapitalismus Jetzt HIOB & MORLOCKK DILEMMA	Seite 103
2014	Märtyrer KOOL SAVAS	Seite 105
2014	Zum Glück in die Zukunft II MARTERIA	Seite 107

INHALTSVERZEICHNIS

WANN?	INHALT?	WO?
2014	Russisch Roulette HAFTBEFEHL	Seite 109
2014	Aversion ANTILOPEN GANG	Seite 111
2014	Pubertät ROCKSTAH	Seite 113
2015	Yo, Picasso FATONI & DEXTER	Seite 115
2015	Grape Tape LGOONY	Seite 117
2015	What's Goes? DIE ORSONS	Seite 119
2015	Renæssance CREDIBIL	Seite 121
2015	Musik für die die nicht so gerne denken WEEKEND	Seite 123

INHALTSVERZEICHNIS

WANN?	INHALT?	WO?
2015	Der eiserne Besen 2 MORLOCKK DILEMMA	Seite 125
	„It was all a dream" TEXT VON LENA MÜLLER	Seite 126
2016	Halleluja AUDIO88 & YASSIN	Seite 131
2016	Die Ernte PLUSMACHER	Seite 133
2016	Makadam OLEXESH	Seite 135
2016	0,9 SSIO	Seite 137
2016	Gottkomplex 3PLUSSS	Seite 139
2016	Regenmacher MEGALOH	Seite 141

INHALTSVERZEICHNIS

WANN?	INHALT?	WO?
2016	TILT MAECKES	Seite 143
2016	ID TAKT32	Seite 145
2016	R.I.F.F.A. T9	Seite 147
2017	Eine Hand bricht die andere WAVING THE GUNS	Seite 149
2017	Nichts war umsonst PRINZ PI	Seite 151
2017	Hallo, wie geht's? JUICY GAY	Seite 153
2017	Republic of Untouchable WITTEN UNTOUCHABLE	Seite 155
2017	Einzimmervilla BRKN	Seite 157

INHALTSVERZEICHNIS

WANN?	INHALT?	WO?
2017	20:14 MARVIN GAME	Seite 159
2018	YRRRE YRRRE	Seite 161
2018	Aquarium BENNO GUT	Seite 163
2019	Ypsilon YASSIN	Seite 165
2019	WAVE UFO361	Seite 167
2019	OG MÄDNESS	Seite 169
2019	Diskman Antishock I+II GOLDROGER	Seite 171
2019	Love, Weed & Mittelfinger ANTIFUCHS	Seite 173

INHALTSVERZEICHNIS

WANN?	INHALT?	WO?
2019	Andorra FATONI	Seite 175
2019	Nie oder jetzt DÖLL	Seite 177
2019	Story of a Stranger YAEL	Seite 179
2019	Tua TUA	Seite 181
	Frauen auf Covern TEXT VON KRISTINA SCHEUNER	Seite 182
2020	600 Tage SIERRA KIDD	Seite 187
2021	Four Seasons MONET192	Seite 191
2021	bugtape DISSY	Seite 193

WANN?	INHALT?	WO?
2021	badmomz. BADMÓMZJAY	Seite 195
2021	3:00 AHZUMJOT	Seite 197
2021	Mieses Leben HAIYTI	Seite 199
2021	Deutschrap Undercover TEXT VON PHILIPP WELTRING	Seite 203
	Alle Cover im Buch	Seite 209
	Begriffserklärung	Seite 221
	Über Vanessa	Seite 222
	Über Tan	Seite 225
	Alle InterviewpartnerInnen	Seite 226
	Danke	Seite 227

WANN?	INHALT?	WO?
	Bildnachweis	Seite 232
	Impressum	Seite 240

WIE ALLES BEGANN
ALLES AUF ANFANG

Wieso gibt es dieses Buch, welche Idee steckt dahinter und was hat eigentlich das Burgeramt damit zu tun?

März 2019. Eines Abends ging ich, Vanessa, mit einer Freundin ins Burgeramt zum Album-Pre-Listening von Tua. Ich dachte mir: „Burger, gute Leute und schöne Musik, das kann nur ein guter Abend werden."

Tan, einer der Geschäftsführer des Burgeramts, begrüßte mich mit den Worten „Du bist doch die mit den Illustrationen?" und strahlte dabei so viel Liebe für Musik, Hip Hop und Kunst aus. Wir unterhielten uns noch etwas über Musik und ich ging nach Hause. Tage später rief er an, um mich nach meiner Meinung zu Grafiken zu fragen. Im Laufe des Telefonats landeten wir zufällig bei Alben-Covern. Ich sagte, dass ich für einen Musikblog Interviews mit den Grafikern der Artworks führe, worauf hin er euphorisch antwortete: „Ich will seit fünf Jahren ein Buch zu dem Thema machen! Wollen wir das nicht gemeinsam durchziehen?"

Ich war zu dem Zeitpunkt eine Grafikerin, die nebenbei ehrenamtlich für einen Musikblog schrieb und einen Musik-Podcast redaktionell unterstützte. Auf die Idee, ein Buch zu veröffentlichen, bin ich nicht im Ansatz gekommen. Aber drei Tage später schickte ich ihm ein Buchkonzept mit einer chronologisch geordneten Liste an Covern, einem groben Layout und mit einem Vorschlag, wie wir das umsetzen könnten.

Als ich meinte, dass wir erst den Kontakt zu den RapperInnen rausbekommen müssen, fragte Tan nur, wen wir denn bräuchten und sagte: „Ich habe die Nummer." Diesen Satz sollte er in der darauffolgenden Zeit noch mehrmals sagen. Es fühlte sich manchmal an wie ein Running Gag, machte die Arbeit am Buch aber um einiges leichter.

Im Juni 2019 führten wir die ersten Interviews – natürlich im Burgeramt. Die RapperInnen, GrafikerInnen und FotografInnen beantworteten uns alle Fragen und es endete danach mit einem gemütlichen Burgeressen und Nerdtalks über Cover im Allgemeinen. Oft kamen so noch Artworks zu unserer Liste dazu.

Von da an schrieben wir Mails, telefonierten, bereiteten Interviews vor, suchten unsere CDs und Platten zusammen, führten Interviews, schrieben Texte und aßen Burger und Pommes ohne Ende, während wir zusahen, wie eine Idee Stück für Stück zur Realität wurde.

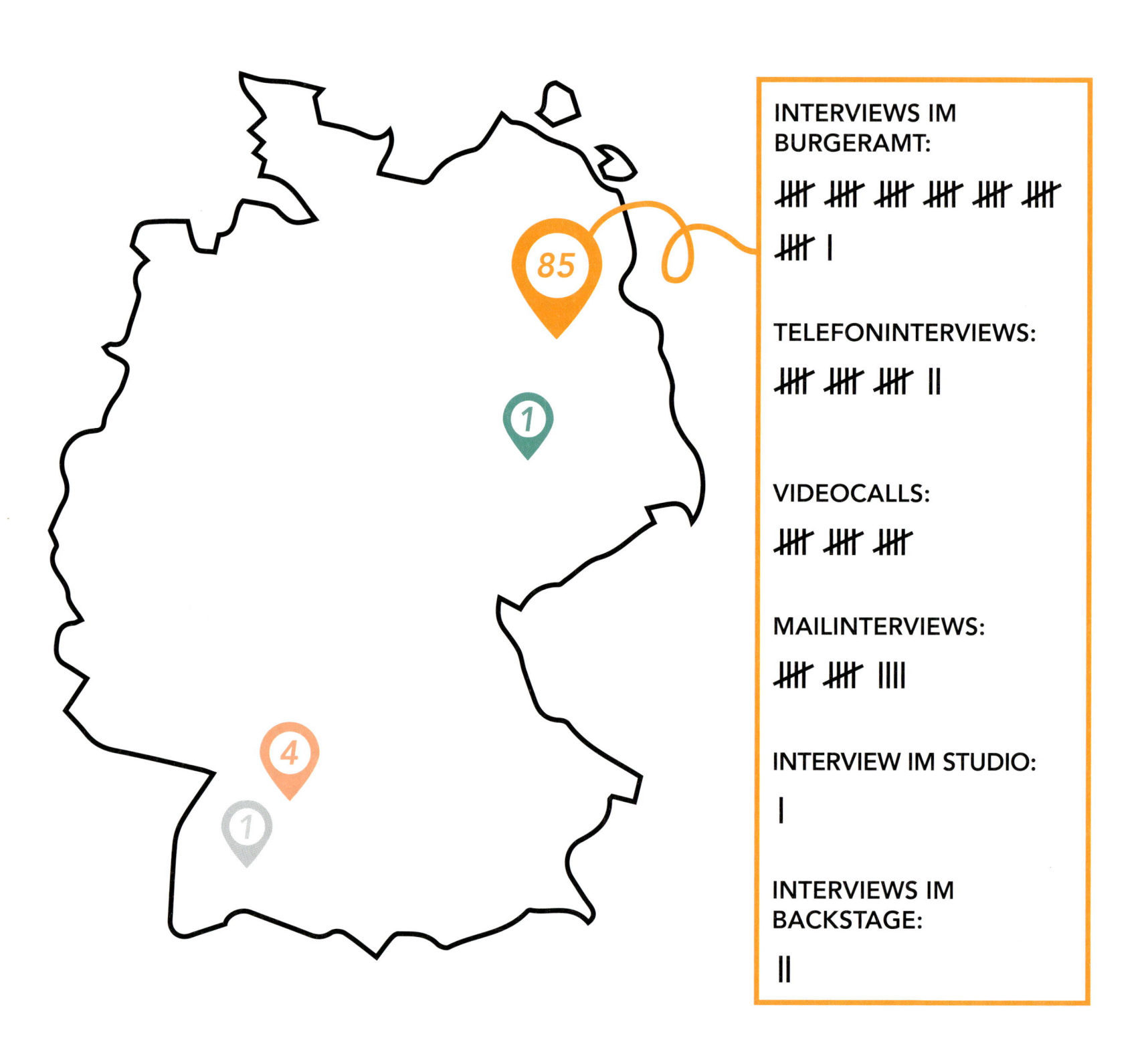

INTERVIEWS IM
BURGERAMT:

𝍲 𝍲 𝍲 𝍲 𝍲 𝍲
𝍲 I

TELEFONINTERVIEWS:

𝍲 𝍲 𝍲 II

VIDEOCALLS:

𝍲 𝍲 𝍲

MAILINTERVIEWS:

𝍲 𝍲 IIII

INTERVIEW IM STUDIO:

I

INTERVIEWS IM
BACKSTAGE:

II

WIE ES ENTSTAND
DAS MAKING OF

Die Idee stand, doch jetzt begann erst die Arbeit. Neben Festanstellung und Freelance-Jobs bereitete ich, Vanessa, die Interviews vor und versuchte alle Termine zu koordinieren, während Tan das Burgeramt, Familie und Interview-Anfragen unter einen Hut brachte.

Ab da waren wir damit beschäftigt alte CDs und Platten rauszukramen, die Credits zu studieren, Namen und Adressdaten zu recherchieren. „Doch am kompliziertesten stellte sich, wie erwartet, die Terminfindung heraus. Promophasen, Tourdates, Jobs, Projekte, Alltag – alles musste zusammenpassen. Im Laufe der Zeit halfen uns viele aus unserem Umfeld mit ihren Kontakten um Interviews möglich zu machen.

Anfangs war der Plan, alle Gespräche entspannt im Burgeramt zu führen und die GästInnen im Anschluss dort zum Essen einzuladen, denn dort konnten wir mit unseren Videografen Tempel und FotografInnen Melanie „Mellow" Lueft, Johannes Roth, Laura Külper und Bart Spencer die Interviews visuell festhalten.

Doch nicht alle KünstlerInnen leben in Berlin oder sind häufig in der Hauptstadt. Denjenigen wollten wir entgegenkommen und sie in ihrer Gegend treffen. Anfangs passte es manchmal zeitlich nicht, später machte uns die Pandemie einen Strich durch die Rechnung. So stiegen wir auf Telefon, Mail und Videocalls um. Das machte die Terminfindung häufig einfacher, jedoch das Interview unpersönlicher. Am Ende führten wir über 90 Interviews: fünf davon in Baden-Württemberg, eins in Leipzig und den Rest in Berlin. Immerhin 36 davon fanden wie geplant im Restaurant Burgeramt statt.

Anschließend haben wir die Interviews transkribiert, die Texte getippt und ins Layout gesetzt. Danach schickten wir die Seiten zur Freigabe an alle InterviewpartnerInnen, da wir die Geschichte und Entstehung der Artworks richtig erzählen wollen, wenn wir sie schon erzählen. Nach der Freigabe ging das Ganze dann an unsere wunderbaren Lektorinnen Dani Kabelitz, Felina Schmitz und Nadin Raba, die jeden Texte gegenlasen, mir jedes Füllwort strichen oder fehlende Kommata setzten.

So entstand am Ende mit der Hilfe von vielen irgendwo zwischen Schreibblockaden, Schreibfluss, ein paar Interviewabsagen und überraschend einfachen Zusagen dieses Buch.

Foto: Laura Külper

Foto: Bart Spencer

Foto: Laura Külper

Foto: Laura Külper

Foto: Bart Spencer

Foto: Bart Spencer

Foto: Mellow

Foto: Bart Spencer

Foto: Bart Spencer

Foto: Bart Spencer

DIE LIEBE BESTEHT ZU 3/4 AUS APPETIT

Foto: Bart Spencer

DAS BURGERAMT

DIE LOCATION

Seit 2008 lebt das Burgeramt am Boxhagener Platz in Berlin konsequent das Konzept: Beats, Bars and Burgers! Von Anfang an wollten sie Gerichte aus aller Welt zwischen die beiden Hälften eines Burger Buns zaubern.

Doch abgesehen von den leckeren Speisen fällt das Burgeramt besonders mit ihrer Hip Hop-Liebe auf. Die beiden Chefs sind Hip Hop-Fans seit vielen Jahren und verfolgen alles, das damit zu tun hat. Von Graffiti über Beats bis hin zu Rap. Tan und Cevi haben Liebe für alles und für jeden, der diese Liebe teilt.

Seit 2013 leben sie genau diese Leidenschaft mit eigenen Hip Hop-Events aus und organisieren Veranstaltungen mit Karate Andi und Die Orsons bis hin zu US-Legenden wie KRS One und Mobb Deep. Außerdem ist das Burgeramt ein beliebter Veranstaltungsort für Pre-Listenings von neuen Alben und Buch-Releases oder wird gerne von verschiedenen Formaten als Interviewlocation gewählt. Von außen und innen sowie von den Wänden bis zur Decke ist Hip Hop darin zu spüren. Deshalb eignete sich das Restaurant perfekt als Location und Arbeitsort für unsere Interviews.

Foto: Bart Spencer

1994–1998

Mit freundlicher Genehmigung von 3p.

DIREKT AUS RÖDELHEIM
RÖDELHEIM HARTREIM PROJEKT

> *Wir wollten, dass man allein am Cover erkennt, dass wir mit nichts und niemandem etwas zu tun haben.*
>
> – MOSES PELHAM

Fotografie: Mathias Bothor
Layout: Gouttxe
RHP-Logo: Holger Diehl

Wenn man sich das Cover heute anschaut, wirkt es nicht, als ob es Anfang der 90er entstanden ist. Die Schwarz-Weiß-Ästhetik und das klare Design erscheinen vollkommen zeitlos. Das Cover zu „Direkt aus Rödelheim" sollte nicht die üblichen Klischees bedienen. Insgesamt haben sich alle bei 3p sehr viele Gedanken gemacht – egal ob über Cover, Videos, Logos oder Fotos. Das Artwork sollte so einzigartig sein wie die Musik.

Für die Fotos arbeitete die Band mit dem Fotografen Mathias Bothor zusammen. Dieser kannte zwar Frankfurt, aber den Stadtteil Rödelheim noch nicht. Schon im telefonischen Vorgespräch kündigte Moses Pelham an, dass er ihm ein paar Spots zeigen werde. Trotz schlechten Wetters haben sie einige gute Bilder gemacht, die am Ende im Album-Booklet gelandet sind. Für die Aufnahme, die das Cover ziert, musste der Fotograf Moses Pelham und Thomas Hofmann überzeugen, die Couch aus dem Studio hinaus auf den Hof zu tragen. Doch die Zeit war knapp, da das Taxi, das den Fotografen und sein Team zum Flughafen bringen sollte, schon auf dem Weg war. Die sehr ähnlichen Sitzpositionen der Musiker hätten passender nicht sein können. Beide blicken ernst in die Kamera und wirken gleichzeitig selbstsicher und entspannt.

Die Couch hat nicht nur die Aktion aus dem Studio in den Hof und wieder zurück mitgemacht, sondern noch viel mehr: Sie ist heute noch im Besitz von Moses Pelham und steht in seinem Musikzimmer.

Die Bilder gab es auch in Farbe. Aber Mathias Bothor war damals wie heute schon fasziniert von schwarz-weißen Fotografien, und für Moses Pelham unterstrich diese Optik die Ernsthaftigkeit, die sie transportieren wollten. Bei genauerem Hinsehen bildet sie ein Gegenentwurf zur bisherigen Bildsprache im Deutschrap, die bunt, laut und knallig war. Bis heute zieht sich der Monochrom-Look durch viele Soloprojekte von Moses Pelham.

Das gesamte Layout des Covers lässt das Foto wirken und trotzdem sind die markanten Details wie das RHP-Logo und der „3p – Mehr Bass"-Störer präsent, ohne abzulenken. Alles im Zusammenspiel ergibt das klassische markante Cover.

Mit freundlicher Genehmigung von Stieber Twins, MZEE Records/FHTF GmbH

FENSTER ZUM HOF

STIEBER TWINS

Wenn ich früher gesamplet habe, dann habe ich die Platten nur nach dem Cover gekauft.

– MARTIN STIEBER

Fotografie: Laure Maud
Artwork: Ralf Kotthoff & Akim Walta
Tags: Gonzalo Maldonado

Das wohl bekannteste Kinderzimmer im Deutschrap ist das, das sich die Stieber Twins teilten. Genau dort haben die Brüder Martin und Christian aufgrund von Platzproblemen kurzerhand ihr Studio aufgebaut. Auf der einen Seite des Raumes stand ihr Doppelstockbett, auf der anderen wurde gesamplet, gemixt und geschrieben.

Die Kulisse für das Cover sollte echt sein, genauso wie es die Musik war. Deshalb luden die Stieber Twins die Fotografin Laure Maud zu sich nach Hause ein. Sie entschieden sich gegen gestellte Fotos vor willkürlichen Kulissen und für ihr eigenes Zimmer. Doch die Schallplatten, die auf dem Cover zu sehen sind, standen nicht zufällig da, sondern wurden extra aus der eigenen Sammlung ausgewählt. Die „Breaking Atoms" von Main Source beschreibt Martin Stieber auch heute noch als eine seiner meistgehörten Platten, und wenn man das „Criminal Minded"-Album von Boogie Down Productions nicht kannte, dann gehörte man irgendwie nicht dazu. Das Artwork präsentiert somit weitere Cover und zeigt die Plattensammlung als Inspirationsquelle. Oben und unten rahmen abgedunkelte Bilder das Foto der Brüder, die Schienen und Häuser aus New York zeigen. Martin Stieber sitzt links hinten auf dem Stuhl und Christian Stieber vorne auf der Couch. Hinter ihm steht eine Box voller Copic Maker, die die andere kreative Seite der Brüder verdeutlicht. Die Texte und To-Dos sind an die Pinnwand hinter Martin gepinnt. Die Graffitidosen-Sprühcaps wurden hier zweckentfremdet und dienen als Abstandhalter zwischen den Geräten. Ganz links auf dem Cover sind noch die Breakdance-Sneaker zu finden. All diese Gegenstände gehörten zu ihnen und bekommen ganz selbstverständlich und ungestellt ihren Platz auf dem Foto.

Der Writer Gonzalo Maldonado brachte den beiden Graffiti näher und hat das „Fenster zum Hof"-Tag für das Cover sowie jeden einzelnen Titel auf dem Backcover geschrieben – dort ist auch das besagte Fenster zum Hof abgebildet. Die MZEE-Gründer Akim Walta und Ralf Kotthoff waren beide an der Umsetzung des Covers beteiligt. Ersterer hatte die Ideen für die Farbgebung und die einzelnen grafischen Elemente, der andere die Kenntnisse, um das alles am Computer zusammenzusetzen. So entstand das ikonische Cover aus dem Kinderzimmer.

KOPFNICKER

MASSIVE TÖNE

> *Das komplette Album war auch unkommerziell; also komplett ohne Video oder Singleauskopplung.*
>
> — DJ 5TER TON

Fotografie: Laure Maud
Layout: Kotthoff von mzeeGraphics96
Logo: Elmar & Kevla

Aus rechtlichen Gründen dürfen wir das Cover leider nicht abbilden. Doch hier kannst du es sehen.

„Es ist nicht, wo du bist, es ist, was du machst: Herzlich willkommen in der Mutterstadt." *(Massive Töne auf „Mutterstadt")* Das Debütalbum von Schowi, Ju, Wasi und DJ 5ter Ton aka Massive Töne verbreitete den Sound, den sie davor schon von Jam zu Jam brachten und der alle fast wie automatisch zum Kopfnicken bewegte.

Zu der Zeit absolvierten Schowi und DJ 5ter Ton ihren Zivildienst, während Wasi beim Kaufhaus Breuniger arbeitete und Ju die Schule beendete. Doch alle steckten ihre Energie in die Musik. Ohne große kommerziellen Hintergedanken, ohne Videoauskopplungen oder ähnliches – sie wollten einfach nur Musik machen und ein Album für die Szene rausbringen.

Dafür waren sie viel in München bei Main-Concept und nahmen dort die Hälfte der Songs auf. Der Rest entstand in Stuttgart bei Philippe Kayser von Freundeskreis. Er hatte in Stuttgart-Kaltental ein Gartenhäuschen, das er zu einem Studio umfunktionierte. Die ganzen Teppiche auf dem Boden und an den Wänden sorgten für eine bessere Akustik. Genau dort entstanden das Coverfoto zum Album sowie einige Pressefotos. Große Gedanken in Styling und Outfits investieren sie jedoch nicht. Die Massiven Töne waren keine Fans der aktuellen Hip Hop-Stores und wollten den typischen Dresscode nicht bedienen. Jeder sollte sich wohlfühlen.

Die unterschiedlichen Kleidungsstile erklärt DJ 5ter Ton im Interview damit, dass sie aus verschiedenen Stadtteilen kamen und jedes Jugendhaus einen anderen Stil hatte. Wasi und er stammen aus Botnang und Feuerbach, und Ju und Schowi aus Weilimdorf. Doch genau diese Unaufgeregtheit macht das Cover aus. Jeder von ihnen kann authentisch sein und niemand wirkt verkleidet oder verstellt.

Aber nicht nur das Foto ist ein wichtiger Teil des Artworks, sondern auch das Massive Töne-Logo. Das stammt aus der Feder von Elmar Jäger, der der führende Kopf vom Soundsystem Sentinel und DefKev ist. In Kombination mit dem auffälligen Grün setzen sich der Albumtitel und auch der Crewname so gut vom Coverfoto ab.

UND DER MC IST WEIBLICH
CORA E

> *Wenn ich gewusst hätte, was für einen Wert die Platte heute in der Geschichte von Deutschrap haben würde, dann hätte man vieles vermutlich nochmal anders gesehen und gemacht.*
>
> – CORA E

Fotografie: Kai Wiechmann
Layout: Akim & Topic One
Cora-Logo & Tagline: Mode 2

Aus rechtlichen Gründen dürfen wir das Cover leider nicht abbilden. Doch hier kannst du es sehen.

Cora E gilt als Pionierin des Deutschraps, die auch noch heute noch aktiv ist und viele beeinflusst.

Für ihr Album „Und der MC ist weiblich" war es ihr wichtig, dass ihre Leute und somit auch die Stieber Twins mit aufs Cover kommen. Sie bildeten eine Einheit, die sie nach draußen zeigen wollte.

Das Coverfoto schoss der Fotograf Kai Wiechmann am New Yorker Bahnhof. Er ging eigentlich auf den MZEE-Gründer Akim Walta zu, da er eine Fotostrecke über BBoys fotografieren wollte und auf Akims Hilfe hoffte. Dieser erkannte aber seine Fotoskills und fragte spontan, ob er mit nach New York fliegen möchte, da dort die Entstehung des Songs „Next Stop New York" von Cora E, Stieber Twins und Taino Tactics bildlich festgehalten werden sollte.

Der Fotograf überlegte nicht lange und sagte zu. Vor Ort entstanden einige Aufnahmen, darunter auch das Coverfoto zu „Und der MC ist weiblich". Cora E steht vorne im Fokus und hat ihre Leute im Rücken. So wie sie es sich von Anfang an gewünscht hat. Doch die Rapperin ist Hip Hop durch und durch. Aus diesem Grund wollte sie nicht nur Rapper auf dem Album featuren, sondern auch Graffiti-Writern auf dem Cover einen Platz bieten. Der Writer Mode 2 hing zu der Zeit auch viel mit ihnen ab und malte, während sie Musik machten. In dieser Zeit entstanden der Cora E-Schriftzug sowie der Albumtitel als Tag. Mode 2 ist zudem für den Schriftzug zur bekannten „Schlüsselkind"-Single von Cora E verantwortlich. Doch sie hat sich nicht extra mit Leuten zusammengesetzt und ihr Cover geplant – auch weil sie nicht ahnen konnte, welchen Einfluss ihr Album in der Deutschrap-Geschichte haben wird.

Dabei erscheint der Stil des Covers mittlerweile fast wieder modern. Der 90er-Look kommt zurück. Heute wird er digital erzeugt, damals war er echt und authentisch.

Mit freundlicher Genehmigung von RAG.

UNTER TAGE
RAG

RAG bestand aus Aphroe, Pahel und Galla (†). Auf Jams und anderen Musikevents lernten sie sich kennen und entschlossen sich, gemeinsam die Ruhrpott AG zu bilden. Links oben im Cover stehen noch die Namen der ursprünglichen Crews: „Raid" waren Aphroe und DJ Mr. Wiz und „Filo Joes" bestanden aus Pahel und Galla.

Mit „Unter Tage" releasten sie als RAG ihr Debütalbum. Auch wenn der Titel eine Anspielung auf den Tagebau darstellt, ist das Album nicht der typische Arbeiterrap, sondern abstrakt und lyrisch.

Anfangs hatte die Gruppe noch keine richtige Idee für die Gestaltung des Covers. Fest stand nur, dass es ein „Inside-Out"-Cover werden sollte, wie sie es unter anderem vom US-Label Rawkus Records kannten. Künstler wie Mos Def und Talib Kweli releasten dort. Auch was die Schriftart anging, hatte sich RAG an den früheren Releases von Big Pun orientiert.

Im Laufe der Zeit gab es mehrere Fotoshootings mit Astrid Milewski, die später auch bei MTV arbeitete. Das Shooting auf dem Bochumer Tippelsberg war gezielt als Covershooting gedacht. Der Berg wurde mehr als 14 Jahre als Deponie für Bau- und Bodenschutt genutzt und bot einen guten Blick über Bochum und das Ruhrgebiet. Die Aussicht mit der Sonne im Rücken erschafft ein warmes und ausdrucksstarkes Bild. Vor Ort wechselten die Rapper ihre Positionen. Sie waren sich anfangs nicht einig, für welche Aufnahme sie sich entscheiden sollten. Da Aphroe die zentralere Figur in der Hip Hop-Szene war, beschlossen RAG, das Foto zu wählen, auf dem er vorne steht. Zum 20-jährigen Album-Jubiläum gab es eine 20-Jahre-Unter Tage-Box, dafür wählten sie ein Foto aus dem gleichen Shooting, auf dem Galla in der Mitte stand. So wurde dem verstorbenen Crew-Member die Ehre erwiesen.

Der getaggte Albumtitel „Unter Tage" links unten stammt von Pahel, der in der Band den größten Graffitibezug hatte. Alles in allem konnte jeder hier seine Stärken nutzen und so zu einem legendären Album beitragen.

> *Ich liebe ein gutes Cover-Design, und [das] kann auch schonmal eine Kaufentscheidung beeinflussen, wobei das Empfinden von gut echt vielfältig ausfallen kann.*
>
> – APHROE

Artwork: Fafo/RAG
Fotografie: Astrid Milewski

Fettes Brot lässt grüssen

Mit freundlicher Genehmigung von Fettes Brot Schallplatten.

FETTES BROT LÄSST GRÜSSEN

FETTES BROT

Nachdem Fettes Brot in einer Talkshow verraten hatten, große Fans der Hörspielserie „Die Drei ???" zu sein, entwickelte sich eine spannende Beziehung zwischen den Sprechern des Detektivtrios und den Rappern. Auf der einen Seite bekamen Fettes Brot Gastauftritte in zwei Folgen der „Drei ???", auf der anderen entstand das Album „Fettes Brot lässt grüssen", auf dem sie Rap und Hörspiel-Elemente ihrer Lieblingsserie verbanden.

In Björn Betons Erinnerung haben sie sich wie die bösen Cousins der Hörspiel-Protagonisten gefühlt. Auch das Coverfoto bildet eine (unbeabsichtigte) Referenz. Im Hörspiel ist ein Schrottplatz zentraler und immer wiederkehrender Handlungsort. Fettes Brot wählten entsprechend den Schrottplatz „KIESOW" in der Nähe von Hamburg als Location für ihr Fotoshooting.

Die Wahl der Örtlichkeit, die Schwarz-Weiß-Optik und die Perspektive aus einem Kofferraum heraus sorgen für einen gefährlich anmutenden Look. Der Fotograf Christian Roth entschied sich für die sogenannte Trunk Shot-Perspektive, die zum Beispiel Tarantino als typisches Stilmittel in seinen Filmen verwendet. Die mafiös wirkenden Outfits der Rapper unterstreichen diese Atmosphäre einer Entführung. Warum Fettes Brot sich genau für diese Optik entschieden haben, wissen sie heute nicht mehr. Die Fotosession war noch nicht einmal als Covershooting geplant. Viel mehr sollten dabei hauptsächlich Pressefotos entstehen. Aber als die Band sich dann für dieses Foto als Cover entschieden hatte, griff sie das Thema auf und zog es komplett durch. So kam das Fadenkreuz als durchgängiges Element in der Albumgestaltung hinzu. Das Rot bleibt hierbei die einzige farbige Komponente. Sie erweckt je nach Sozialisation Assoziationen zu Public Enemy oder der Krimiserie „Tatort", die Schriftart des Albumtitels erinnert währenddessen an den Filmklassiker „Der Pate". All diese gestalterischen Elemente lassen sich hervorragend auf der schwarzen Kofferraumklappe platzieren.

Die Songs des Albums sind deutlich harmloser, als es das Cover vermuten lässt. Im Inneren der Platte lösen Fettes Brot das Szenario auch visuell auf und man sieht die drei auf dem Jahrmarkt, wie sie Rosen schießen. Doch ob die Band uns mit ihrer Musik grüßt, ob sie im Kofferraum die verschwunden Masterbänder versteckt hat, die „Die Drei ???" sucht oder ob sie dort ihre Beute vom Jahrmarkt deponiert hat, wird nicht aufgelöst.

> *Wir fühlten uns wie die bösen Cousins der „Drei ???"*
> – BJÖRN BETON

Fotografie: Christian Roth
Artwork: Marcnesium

Mit freundlicher Genehmigung von Fünf Sterne deluxe Records.

SILLIUM
FÜNF STERNE DELUXE

Aus dem seit 1993 existierenden Duo Der Tobi & Das Bo formierte sich in der Produktion zum Album „Sillium" die Gruppe Fünf Sterne deluxe. DJ Coolmann und marcnesium waren in der Produktionsphase so präsent und einflussreich, dass man sich entschied, zu expandieren.

Doch wie kommt man auf die Idee, ein Albumcover in einem Chemiesaal zu fotografieren? Der Titel „Sillium" stand schon fest, als die Produktion begann, da Tobi & Bo in unzähligen Autofahrten zu Jams und Konzerten immer wieder über die Kasseler Berge fuhren. Dabei fiel ihnen an der A7 häufig einen Rastplatz auf: SILLIUM.

Oder, wie Das Bo es beschreibt: „Der bewusstseinerweiterte Geist ist begeistert von dem Klang des Wortes und hat einen Geistesblitz." Es klingt wie eine Substanz oder gar ein Medikament. So war die Idee für das Konzept des Albums geboren.

Aber was ist dieses „Sillium"? Die richtige Zusammensetzung für die eigene Musik zu finden, ist eine Wissenschaft für sich. Genau das haben Fünf Sterne deluxe in den Songs auf dem Album thematisiert. marcnesium hat das Konzept in den letzten Wochen der Produktion grafisch adaptiert und umgesetzt. Mit komplettem Produktdesign und eigener Geschichte, entwickelt von den vier Forschern.

Für das Cover lag es nahe, den Laborlook umzusetzen, um die Parallelen der Musikproduktion mit dem Entwickeln einer neuen Substanz oder einer neuen Medizin im Labor visuell noch zu überspitzen. Es ist kein Studio, sondern ein Labor, und sie sind Wissenschaftler. Es ist zudem eine Hommage an Hip Hop-Old School-Legende Biz Markie und sein Cover zu „The Biz Never Sleeps". Darauf ließ sich der Rapper ebenfalls als Forscher mit einem Chemielabor fotografieren.

Zur Krönung gab es zum Release des Albums „Sillium" eine Pressemitteilung. Darin berichtete das Forscherteam über die Entdeckung einer neuen Substanz und beschrieb die Wirkung und Darreichungsformen. Damit weitete sich das Konzept für das Cover zu einem für das ganze Album aus.

Fotografie: Jan Christoph Schultchen
Layout: marcnesium

Mit freundlicher Genehmigung von Harris.

G.B.Z. OHOLIKA

SPEZIALIZTZ

Ich hab die Selbstdarstellung erfunden. Wir gingen nicht davon aus, dass wir die Krassesten sind, sondern wir waren es einfach.

– HARRIS

Fotografie: Maja
Artwork: Spezializtz & Henne

Die Spezializtz bestanden aus den Rappern Harris und Dean Dawson. Ihr Logo zeigt einen Mann mit Afro, dargestellt als Strichzeichnung. Wenn man die linke Seite des Logos betrachtet, sieht man eine freundliche Miene, wenn man die andere Seite ansieht, erkennt man ein böses Gesicht. Auch wegen des präsent platzierten Logos stand für beide Porträtierten fest, dass sie ihre eigenen Afros auf dem Coverfoto genau so tragen mussten.

Den Rappern war das Artwork ihres Debütalbums wichtig, ebenso die Tatsache, dass man ihre Gesichter sehen sollte. Harris erinnert sich, dass sie insgesamt sehr verkopft an die Sache herangingen. Als Musiker hatte man zu der Zeit nur Cover und Musikvideos, um sich zu präsentieren und darzustellen.

Harris und Dean Dawson wurden einzeln fotografiert und auf dem Artwork nebeneinander platziert. Für die weitere Gestaltung hatten sie klare Vorstellungen: Um die G.B.Z. Oholika-Mentalität – die Abkürzung steht für „Gras, Becks und Zärtlichkeit" – zu verdeutlichen, betonten sie vor allem den Gras-Aspekt.

Auf einer Fotostrecke am unteren Bildrand sind Spezializtz mit Frauen beim Feiern zu sehen, von dort steigt Rauch auf, dieser setzt die Rapper „on fire" und geht dann in den Spezializtz-Schriftzug über. Die Flammen- und Rauchübergänge sowie die einheitlich schwarz-weiße Optik verbinden Fotos aus verschiedenen Shootings zu einem Gesamtbild.

Die schwarz-weiße Farbgebung zerstört ein Element, über das sich die Rapper vorher Gedanken gemacht hatten: Die Anzüge, die die beiden auf den unteren Fotos tragen, sind eigentlich zweifarbig. Auf der einen Seite blau, auf der anderen weiß. Damit wollten sie auf ihre Hertha BSC-Verbundenheit hinweisen, aber dieser Effekt fiel leider dem Cover-Konzept zum Opfer. Auch im Booklet sind alle Bilder bis auf eins schwarz-weiß.

Mit freundlicher Genehmigung von Die L.P.

ÜBERFLIEGER NACH VORN

DIE L.P.

„Die Lyrische Präsenz", kurz „Die L.P.", bestand aus DJ Italian Stallion, Scu und Atus.

Obwohl ein Großteil der Band aus dem Graffiti-Bereich kam, wollten sie kein Graffitimotiv als Cover. Alle hatten das von Mode 2 gemalte „Alte Schule"-Artwork im Kopf. Hätten sie sich für ein Graffiti-Design entschieden, hätte es damit mithalten müssen. Da sie jedoch nicht glaubten, ein Artwork in ähnlicher Qualität gestalten zu können, wählten sie einen anderen Weg.

Gianpi (DJ Italian Stallion) hatte die Idee, alle drei als Superhelden in Szene zu setzen. Von dieser Vorstellung erzählte er auch seinem Umfeld. Seine damalige Kollegin brachte sie mit ihrem Freund, einem Grafiker, zusammen. Gemeinsam erstellten sie Mockups und klebten die einzelnen Figuren zusammen. Als Inspiration für die Superheldenanzüge wählten sie Spiderman, Green Lantern und Aquaman aus. Doch wer aus der Crew welchen Anzug bekommen sollte, überließen sie dem Grafiker. Als das gestalterische Konzept stand, veranstalteten sie ein Fotoshooting, bei dem Die L.P. in Superhelden-Posen fotografiert wurden. Nachträglich wurden die Bilder bearbeitet, um Zeichnungen ergänzt und zusammengesetzt. Der so entstandene Entwurf ging an das Label. Der hauseigene Grafiker, ein Comic- und Superhelden-Fan, tobte sich an dem Cover so richtig aus. Von seinem Gestaltungsvorschlag waren bei der Rap-Crew alle begeistert. Das für die Szene sehr untypische Cover sorgte, genau wie das Debütalbum der Crew, inner- und außerhalb der Szene für Aufsehen. Ihr erster Longplayer geriet zu einem Geheimtipp und verkaufte sich überraschend gut. Da sich Die L.P. vor ihrem Debütalbum auf zahlreichen Jams in der Republik einen Namen mit ihren Freestyleperformances gemacht hatten, war die Brust dementsprechend breit und das Cover ein Ergebnis aus dieser sehr selbstbewussten Zeit.

Aus heutiger Sicht, so Gianpi, konnten lediglich vier bis fünf Songs auf der Platte mit dem Cover mithalten. Vielleicht sei es noch ein wenig zu früh gewesen, gleich ein ganzes Album zu machen. Auf dem folgenden Releases entschieden sich die Jungs eher für schlichtere Cover mit Understatement und griffen die Superhelden-Thematik nicht weiter auf.

ALLES FÜR DEN STATUS

TEXT VON ALEX BARBIAN, MUSIKJOURNALIST

Unser ABF Rap ist eine Kunstform von unten. Traditionell weiß er Geschichten von harten, farblosen, benachteiligten Lebensrealitäten am gesellschaftlichen Bodensatz bereitwillig und unverfälscht in Reime zu pressen. Er kennt den Struggle: um Aufmerksamkeit, Ruhm, finanzielle Absicherung und ein besseres Leben. Bestenfalls ist er sogar der Ausweg aus der Misere selbst, eine Art Fahrstuhl im sozialen Klassengefüge. Wer es mit seiner Hilfe „geschafft" und sich nach oben gekämpft hat, zelebriert seine Markterfolge genüsslich mit der plakativen Zurschaustellung materieller Errungenschaften. Rap ist – im offensichtlichen Kontrast zu seinen eigentlichen Roots – gleichzeitig das perfekte Stilmittel, um die Außenwelt großzügig am neugewonnenen Luxus teilhaben zu lassen.

2020 scheint fast nichts auf dieser Welt so trivial wie Rapper, die sich mit großformatigen Uhren, gepanzerten AMGs, funkelndem Zahnschmuck oder extrabreiten Oberarmen überheblich in Szene setzen. Irgendwie auch kein Wunder, dürften Statussymbole doch in etwa so alt sein wie die Menschheit selbst.

Sie waren in jedem hierarchisch strukturierten Gesellschaftsgefüge stets das überzeugendste Instrument zur Demonstration von Einfluss, Reichtum, Sexyness und triumphaler Überlegenheit. Schon die alten Kaiser ließen sich – gekleidet in Seidenkutte oder Purpurtoga, auf grazilen Kriegspferden thronend – mit diamantbesetzten Kronen, Zeptern, Schlangenarmreifen und anderem Bling-Bling für die Nachwelt porträtieren. Auch wenn es sich paradox und in vielerlei Hinsicht abwegig anfühlen mag, die Sprechgesangselite unserer Zeit mit den Feudalherrschern früherer Jahrhunderte zu vergleichen, sind hinsichtlich raffgieriger Denkmuster und materialistischer Wertesysteme ohne Frage Parallelen feststellbar.

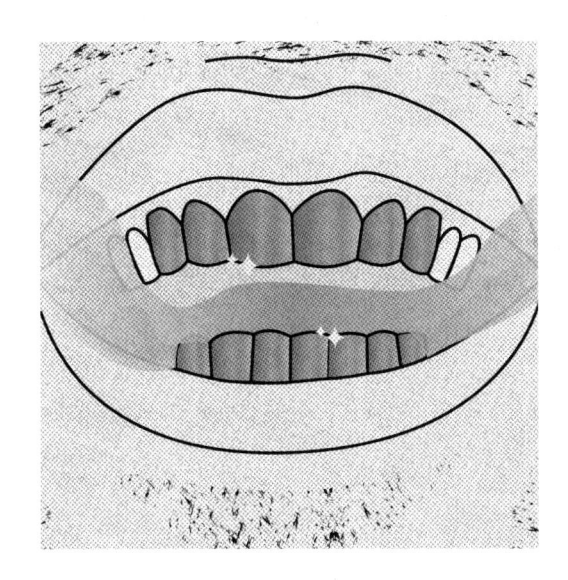

Und interessant ist es ja schon, dass Statussymbole im Rap eine wesentlich zentralere Rolle bei der Inszenierung von Künstler-Images spielen als in jedem anderen Genre. Werfen wir einen Blick auf die Albumcover vieler deutschsprachiger Rap-Dauerbrenner, bestätigt sich dieses Phänomen eindrucksvoll. So post Summer Cem seit knapp zehn Jahren in beinahe jedem Single-Artwork in (oder mindestens vor) einem PS-starken Auto. Das Quantum schwerer Goldketten, die der oberkörperfreie Manuellsen auf dem Cover seines Mixtape-Klassikers „Das ist meine Welt – Ihr lebt nur darin" präsentierte, ist auf den ersten Blick lediglich schätzbar. Und selbst Samy Deluxe ließ sich zu Beginn seiner Karriere – zum damaligen Zeitpunkt offensichtlich auf der verzweifelten Suche nach Identität – ebenfalls zur Anhäufung eines beachtlichen Schmuckarsenals hinreißen, das er 2004 im Booklet seiner dritten Soloplatte „Verdammtnochma!" in feinster Snoop-Dogg-Manier zur Schau trug.

Haftbefehl signalisierte etwa neun Jahre später auf dem Cover-Bild von „Blockplatin" – am reich gedeckten Tisch eines Nobelrestaurants sitzend – streitlustig seinen Kurs in Richtung eines besser situierten Lebensabschnitts. Sido kokettierte über seine gesamte bisherige Legacy hinweg stilvoll, aber bestimmt, mit einer stets wiederkehrenden und immer kostbarer werdenden Maske, die auf dem „Goldenen Album" 2016 schlussendlich sogar eine eigene Krone aus Gold trug.

Einem ähnlichen ästhetischen Konzept folgte Ufo361, der die Cover seiner legendären Ich-bin-X-Berliner-Trilogie mit den Nahaufnahmen immer dekadenter ausgestalteter Grillz verzierte. Kollegah inszenierte sich optisch von Platte zu Platte mehr als zaristisch anmutender Geschäftsmann in maßgeschneiderten Anzügen: an der einen Hand einen Kampfhund, in der anderen eine Zigarre. Oder so ähnlich. Und so weiter. Die Liste ist unendlich lang und könnte ewig weitergeführt werden. Was alle aufgezählten Darstellungen eint, ist ein unmissverständliches Signal: Man hat es geschafft, fühlt sich wohl in der sozialen Poleposition oder gibt zumindest vor, sie zeitnah einnehmen zu können. Statussymbole scheinen für dieses Statement unverzichtbar. Eben weil sie den Marktwert im neoliberalen Leistungsdiskurs abstecken, den gerade diejenigen tief verinnerlicht haben, die früher im Zweifelsfall nichts hatten. Rapper werden weiterhin mit Coogi-Sweatern, vollverchromten Felgen, goldenen Ringen oder dem „Fendi-Drip" hausieren gehen – gerade wenn Rap eine provokante Kunstform von unten bleibt.

Jedes Albumcover ist ein Spiegel unseres Genres. Und Rap – sorry für diese Floskel, leider ist sie einfach zu wahr – ist nun mal ein Spiegel dieser Gesellschaft.

2000–2010

Mit freundlicher Genehmigung von BMG.

FEUERWASSER

CURSE

Das war einfach eine Momentaufnahme, die nicht konzipiert war.

— CURSE

Fotografie: Mitjia Arzensek
Layout: Oliver Räke und Tim Kottmann für NUI graffngraph

„Feuerwasser" ist das erste Album von Curse. Für das Covermotiv gab es kein durchdachtes Konzept. Der Rapper und der Fotograf Mitjia Arzensek haben sich einfach zu einer Fotosession verabredet, mit dem Ziel, eins der Bilder als Coverfoto zu verwenden. Sie experimentierten mit Posen und Mimik – mal mit Blick in die Kamera und mal zur Seite. Alles für eine große Auswahl.

Das ergab einen Haufen schöner Bilder, doch am meisten blieben drei Fotos hängen, die aus der Reihe fielen. Eins davon war verschwommen und stach deshalb zwischen all den anderen heraus. Die Kombination aus Dynamik und Energie gefiel Curse hier besonders. Zusätzlich fasst diese Momentaufnahme für ihn genau die Jahre der Album-Entstehung in einem Bild zusammen. Also genau, was ein gutes Covermotiv schaffen soll.

Zu den drei auffallenden Aufnahmen zählte außerdem eine, auf dem Curse die Kapuze tief ins Gesicht zieht und durchdringend in die Kamera schaut. Das wurde das Coverfoto für die erste Maxi-CD „Wahre Liebe". Das dritte besondere Bild war so gar nicht vorgesehen: Aufgrund eines Entwicklungsfehlers wurde die Aufnahme dreifach belichtet – das fand Verwendung als „Hassliebe"-Maxi-CD-Cover.

Der Grafiker Oliver Räke von NUI graffngraph erinnert sich, dass der Titel „Feuerwasser" für Curse die Quintessenz jedes einzelnen Songs auf dem Album gewesen sei. Seine Aufgabe bestand darin, das Foto, den Albumtitel und die Songs in einem Bild ästhetisch einzufangen und so das Cover entstehen zu lassen.

Zusätzlich war es dem Grafiker wichtig, dass es „gut knallt". Dafür brach er unter anderem die vorherrschende Hip Hop-Bildästhetik mit gestalterischen Einflüssen aus anderen Musikgenres. Bei den Curse-Artworks setzte er deshalb Stilmittel ein, die eher an elektronische Musik erinnern. Wie überall, so gilt auch in der Gestaltung: Man sollte die Regeln kennen und bewusst brechen. Doch es gibt eine, die man nicht brechen sollte: „Du musst Hip Hop lieben, als wärst du immer noch Fan geblieben."

(Curse auf „10 Rap Gesetze")

Mit freundlicher Genehmigung von Put Da Needle To Da Records.

BATTLEKINGS
WESTBERLIN MASKULIN

Während das Vorgängeralbum „Hoes, Flows, Moneytoes" (1997) noch komplett in Schwarz-Weiß gehalten war, wirkt der Untergrund-Klassiker „Battlekings" mit dem knallgelben Cover deutlich auffälliger. Lediglich das Monster bleibt hier noch schwarz-weiß.

Die Rapper King Kool Savas und Taktlo$$ aka Westberlin Maskulin arbeiteten für das Cover mit dem Comic-Zeichner Jost zusammen. Doch anstatt ihm zu sagen, wie sie sich das Artwork vorstellten, ließen sie ihm komplett freie Hand und gaben Jost nur die Tracks. Nachdem der Comic-Zeichner das Album gehört hatte, machte er sich an die Gestaltung und kreierte ein Maschinen-Monster, das über alle Wack-Mcees hinweg geht und sie zertrampelt. Treffender könnte eine Interpretation der Musik auf dem Album nicht ausfallen. Jost kombinierte Raketen, Flügel und alle möglichen Sachen zu einem unbesiegbaren Monstrum. Das verkörpert sinnbildlich die Wortgewalt, Überheblichkeit und Provokation, für die Westberlin Maskulin mit ihren Texten standen. Das Cover macht einfach deutlich, dass Kool Savas und Taktlo$$ immer bereit für ein Battle sind. Nicht nur verwendeten sie schamlos harte Reime, sie bäumten sich auch visuell vor allen auf, die sie herausfordern wollten.

Die Pixel-Schrift, in der Albumtitel und Crew-Name auf dem Cover stehen, erinnert an ein Computerspiel. Diese Optik verleiht dem ganzen Cover einen spielerischen Charakter. Beim Cover-Motiv der Re-Issue lag hierauf der Fokus. Die gelbe Farbe im Hintergrund wurde beibehalten.

Alles in allem wirkt das Album-Artwork zeitlos, auffällig und fängt den Inhalt sowie die Attitüde der Rapper treffend ein.

> *Für das Album haben wir ihn gebeten, etwas zu zeichnen und haben ihm null Vorgaben gegeben. Er hatte nur das Album zum Anhören und hat unsere Musik einfach so interpretiert.*
>
> – KOOL SAVAS

Artwork: Jost

Mit freundlicher Genehmigung von Deluxe Records.

DELUXE SOUNDSYSTEM

DYNAMITE DELUXE

Ich bin auf jeden Fall der Rapper mit den verkifftesten Augen auf einem Plattencover ever.

– SAMY DELUXE

Artdirection: Typeholics/KK1
Fotografie: Gulliver Theis

Das Cover des ersten Studioalbums von Dynamite Deluxe – bestehend aus Samy Deluxe, Tropf und DJ Dynamite – wurde auf dem Dach des Feldstraße-Bunkers in Hamburg fotografiert. Der ehemalige Flakturm bot schon Clubs, Unternehmen und vielem mehr ein Zuhause. Mit der erhöhten Aussicht eignete er sich perfekt als Fotolocation für die Rapcrew.

Für den Grafiker Felix Schlüter von Typeholics war es der erste große Auftrag als Art Director und somit auch das erste Fotoshooting, das er betreute. Er erinnert sich, dass das Ganze an seinem Geburtstag mitten im Winter stattfand. Es hatte Minusgrade, die sich auf dem windigen Dach in St. Pauli noch kälter anfühlten.

Nachdem das komplette Soundsystem von Julian von Cleptomanicx hochgeschleppt wurde, das Fotoequipment aufgebaut war und die Musiker vor der Aussicht Richtung Dammtor-Bahnhof platziert wurden, tauchte ein Problem für den Fotografen Gulliver Theis auf: Die Fotoblitze wurden über Funk aktiviert, doch auf dem Dach des Bunkers störten einige Handyantennen immer wieder das Signal. So lösten die Blitze ständig aus, ohne dass ein Foto aufgenommen wurde. Drei Künstler zu koordinieren, wenn man das erste Mal ein Shooting leitet, ist schon schwer. Doch in Kombination mit eisiger Kälte und Kameratechnik, die wegen störenden Funkwellen verrückt spielt: Endlevel.

Aber auch unabhängig von den Problemen ist es normal, dass bei einem Gruppenbild nicht alle mit ihrem Gesichtsausdruck auf den Fotos zufrieden sind. Deshalb musste für das Cover ein Kopf eines der Crew-Mitglieder gegen einen aus einem anderen Foto ausgetauscht werden. Samy Deluxe verweist auf seinen Blick und sagt, dass es sich dabei nicht um ihn gehandelt haben könne, da er zu der Zeit einfach uneitel war. Außerdem erkläre der Joint in seiner Hand seinen Gesichtsausdruck ohne Frage.

Obwohl es Dynamite Deluxe zu der Zeit weder um Videos noch Cover ging und sie einfach nur Musik machen wollten, zogen sie das stundenlange Shooting durch. Auch weil sie Felix und seiner Vision vertrauten. Wie man dem zeitlosen Artwork entnehmen kann, erwies sich dies als mehr als berechtigt.

Mit freundlicher Genehmigung von RAG.

POTTENTIAL

RAG

Das Album „Pottential" ist das zweite und letzte gemeinsame Album von der Ruhrpott AG. Die Rapper aus dem Pott nutzten nicht nur ihr Potential, sondern auch das Wortspiel zu ihrem Vorteil.

Der Grafiker Gunnar aka Gunman Graphics war bereits am Vorgängeralbum „Unter Tage" (Seite 39) beteiligt. Hierfür entwarf er das RAG-Logo. Der Kontakt zur Crew entwickelte sich nach seinem Umzug nach Bochum über Pahel, den er über Graffiti-Connections kennenlernte. Beim Album „Pottential" war Gunman Graphics für das gesamte Album-Artwork verantwortlich. Dieses Mal ließ die Crew ihm freie Hand und verzichtete auf ein Coverfoto. Die einzige Anforderung, die Aphroe, Pahel, Galla (†) und DJ Mr. Wiz stellten, war, dass sie erkannt werden wollten.

Als Vorlage dafür bekam der Grafiker ein paar Fotos. Nachdem er anhand der Bilder die Skizzen angefertigt hatte, stimmte er sie mit den Rappern ab. Dann arbeitete er die Portraits weiter aus. Der Hintergrund des Covers zeigt keinen Berg vor dem sie stehen, sondern eine abstrakte Stadt, in die der Albumtitel integriert ist. Das Ganze malte er auf eine zwei mal zwei Meter große Leinwand. Mit Strukturen sorgte er für mehr Tiefe. Außerdem entstand so der dreckige und kaputte Look, den der Grafiker haben wollte. Die Portraits der Musiker malte er nicht direkt auf die Leinwand, sondern platzierte er auf einer extra Ebene davor. Es gab also eine Art Pappaufsteller der RAG-Mitglieder. Die Komposition aus Leinwand und Pappaufsteller wurde abfotografiert und sorgte so für eine natürliche räumliche Perspektive. Der Fokus darauf zieht sich durch Gunnars Arbeit, da er mittlerweile hauptsächlich als Art Director und Bildhauer für Filmsets tätig ist.

Auch das Logo passte er für dieses Cover an und gab ihm einen etwas raueren Look, um seinen kompletten Entwurf etwas besser zu ergänzen. Wenn man Gunnar fragt, was der Crew am wichtigsten war, dann sagt er: „Die Texte im Inlay!" Er erinnert sich daran, dass die Platzierung der Lyrics ihn am meisten Nerven gekostet habe, da er dafür fast zu wenig Platz hatte, um alles unterzubekommen.

Eigentlich würde sich die Leinwand mit den Pappaufstellern noch heute im Besitz des Grafikers befinden, doch sein Atelier brannte vor einigen Jahren ab, und so verlor er einige seiner Arbeiten für immer.

Layout: Gunnar Zimmer

Mit freundlicher Genehmigung von BMG.

VON INNEN NACH AUSSEN

CURSE

Dann habe ich „Von Innen nach Außen" auf einen Zettel geschrieben, meinem damaligen Manager zugeschoben, er las das und nickte.

– CURSE

Fotografie: Sonja Müller
Layout: Wolfgang von Geramb und Angela Pelzl

Der Rapper Curse packt all seine Emotionen, Gedanken und Ansichten in seine Musik. Auch eher rapfremde Themen wie bewusster Konsum spielten schon 2001 eine Rolle in seinen Texten. „Denk an mich, wenn du Tee trinkst und Tofu isst, philosophisch sprichst. Denk an mich, wenn du Schweinefleisch hasst und ein Fan von Soulfood bist." *(Curse auf „Denk an mich")*

Curse damaliger Manager Götz Gottschalk hatte Kontakt zum Grafiker Wolfgang von Geramb, der schon mehrere Cover für andere gestaltet hatte. Da er zur Zeit der Albumentstehung jedoch in einer Webagentur arbeitete, erhielt diese mit der Covergestaltung einen für die Branche eher untypischen Auftrag. Dem Grafiker war es wichtig, bei so einem Job den Künstler kennenzulernen. Er besuchte ihn deshalb in seiner Wohnung in Minden.

Typisch Agentur, zeigten sie dem Rapper und seinem Manager gleich drei Coverideen inklusive Titeln. Der zweite Vorschlag hatte noch keinen festen Namen, doch während der Präsentation sagte Wolfgang von Geramb, dass Curse in seiner Musik eine Reise von Innen nach Außen darstelle. Aufgrund dieser Aussage schrieb der Rapper „Von Innen nach Außen" auf einen kleinen Zettel, schob ihn zu seinem Manager, der las die Worte und nickte. Aus diesem kleinen Moment entsprang der Albumtitel, und sie entschieden sich für die vorgestellte Coveridee.

Da der Grafiker die Bildsprache von Sonja Müller mochte, beauftragte er sie, die Fotos auf einem verlassenen Fabrikgelände in Berlin zu machen. Curse stand vor der schweren Aufgabe, nur die Gegenstände, die ihm wichtig waren, zum Shooting mitzubringen. Dazu gehörten unter anderem seine geliebte Drummachine, die Nas-Platte, sein Schwert, die Bücher und auch die Teekanne. Der Rapper tritt einen Schritt zurück und stellt so alles, das ihn ausmacht, in den Vordergrund. Der lange Schatten dient dabei als verbindendes Element. Das Cover der Instrumentalversion zeigt dieselbe Szene, nur Curse ist daraus verschwunden.

Den Bruch im Rahmen um das Foto, kann der Grafiker gar nicht bewusst erklären, außer dass er sich im Gestaltungsprozess ergeben habe. Ohne diesen Bruch würde das Cover starr und brav wirken. Die geschwungenen Linien von der Front ziehen sich durch das Booklet und geben dem Ganzen eine Dynamik. Am Ende passt alles zusammen und fasst den Inhalt in einem Bild zusammen. Genau das macht ein gutes Albumcover aus.

BLUMENTOPF

Mit freundlicher Genehmigung von BMG.

EINS A
BLUMENTOPF

Blumentopf bestehen aus den Rappern Roger, Schu, Heinemann und Holunder sowie DJ Sepalot. Mit Roger haben sie ihren eigenen Grafiker in der Band. Er ist bei der Entstehung des Artworks beteiligt und versteht somit, wie die Crew tickt.

Da er Fan der „Bizarre Ride"-Platte von The Pharcyde war, wollte er selbst ein illustriertes Cover umsetzen. Er hatte gleich die Vision eines Motivs, das sich über die Vorder- und Rückseite der Vinyl erstreckt und sich einem erst richtig erschließt, wenn die Platte aufgeklappt ist.

Die Jungs aus dem Reihenhaus sitzen metaphorisch in einem Boot. Sie vermitteln so den Eindruck, sie wissen, dass sie sich aufeinander verlassen können. Sie schwimmen aber nicht einfach auf einem See, sondern auf der Musik, die hier eine Schallplatte symbolisiert.

Roger konnte sich nicht ausschließlich auf das Cover konzentrieren, da er auch seine Parts noch finalisieren musste. Somit gab es am Ende oft Zeitstress. Deshalb ist er froh, dass die anderen Töpfe ihm vertraut haben und er häufig freie Hand hatte. Der Grafiker und Rapper hat zwei, drei Skizzen gemacht, den anderen gezeigt und konnte eine davon dann schnell fertigstellen. Schon bei seiner Zeichnung war es Roger wichtig, dass es weder zu sehr nach Comic noch zu graffitimäßig aussehe. Er wünschte sich eine schöne, stimmige Mischung aus beidem. Die finale Skizze digitalisierte er und colorierte diese in Photoshop. Die nächtliche Farbstimmung fühlte sich dabei einfach am passendsten an.

Bei seiner Zeichnung achtete er auf die einzelnen Charakteristika seiner Crew-Kollegen: Holunder hat viel für die Platte gemacht. Deshalb sitzt er am Ruder und bringt alle näher als Ziel. Schuh beschreibt Roger als selbstkritisch, deswegen betrachtet er sich nachdenklich in der Spiegelung des Wassers. Heinemann war immer entspannt und genießt auch hier die Zeit auf dem Boot. DJ Sepalot hielt stets die Augen und Ohren offen und ist auf dem Cover als der Beobachter festgehalten. Sich selbst wollte Roger keine bestimmte Rolle zuteilen und er zeichnete sich von hinten. Die schönste Möglichkeit, den Albumtitel auf dem Cover zu integrieren, bestand darin, das Boot auf den Namen „eins A" zu taufen. So bekam der Kahn auf dem Artwork noch eine weitere Bedeutung. Zudem verdeutlichte er die Qualität der Crew: Sie sind „eins A".

Artwork: Roger für TOPF-Design

Mit freundlicher Genehmigung von Essah Media GmbH.

DER BESTE TAG MEINES LEBENS

KOOL SAVAS

Und warum soll ich auch auf einem Rap-Cover nett gucken?

— KOOL SAVAS

Fotografie: Katja Kuhl
Layout: Martin Baaske/normboy

„Ihr habt lang genug gewartet, dass ein Album erscheint." *(Kool Savas auf „Intro")* Mit diesen Worten beginnt Kool Savas sein Debütalbum „Der Beste Tag Meines Lebens". 2002 hatte er sich im Rahmen der Formationen M.O.R. und Westberlin Maskulin sowie mit diversen EPs und Songs schon einen Namen gemacht. Doch dieses Album war sein Solo-Debüt.

Die Veröffentlichung bedeutete einen großen Schritt für Kool Savas und markierte den Beginn einer großen, bis heute anhaltenden Rapkarriere. Er war zu der Zeit zwar ein großer Fan von gezeichneten Alben-Covern, doch für sich und seine Platte empfand er diesen Stil als unpassend. Deshalb arbeitete er mit der Fotografin Katja Kuhl zusammen. Diese schoss das Coverfoto leicht von unten aus der Froschperspektive, wodurch Savas' Blick und die Körperhaltung noch selbstsicherer und herausfordernder aussehen. Er blickt sozusagen auf andere herab und unterstreicht damit seine Battle-Attitüde und seinen Status als King of Rap.

Dieser Aufnahmewinkel stellte sich auch bei den darauffolgenden Covern der „John Bello Story"-Serie sowie dem Kollaboalbum „One" mit Azad als beliebte Fotoperspektive heraus, deshalb machte Katja Kuhl zu der Zeit häufig solche Fotos von ihm, da er sowieso nur die Bilder aus der Froschperspektive pickte.

Der Himmel über Berlin war an dem Tag wirklich so schön blau, während sie die Aufnahmen für das Cover und das Booklet neben der Nationalgalerie machten. Zum damaligen Zeitpunkt haben beide keine großen Gedanken daran verschwendet, ob das Foto zum Albumtitel passt oder nicht. Aber im Nachhinein könnte man es schon so sehen, als schiebe Kool Savas alles Negative zur Seite, um der Sonne und dem ganzen Schönen mehr Platz zu geben.

Mit freundlicher Genehmigung von Sony Music.

RAPPER'S DELIGHT

MELBEATZ

Fotografie: Katja Kuhl
Creative Direction: StudioAnti
Layout: Willem Stratmann (Studio Anti)
Styling: Maria Neumann(Studio Anti)
Make-Up: Aline Hafezi

Auf ihrem Produceralbum „Rapper's Delight" versammelte Melbeatz unter anderem Kanye West, Kool Savas, Samy Deluxe, Prodigy von Mobb Deep und Cassandra Steen.

Die Suche nach dem perfekten Albumtitel gestaltete sich etwas schwerer, doch als dieser feststand, haben Melbeatz und ihre Freundin Maria Koch (früher: Neumann) gemeinsam überlegt, wie das Cover aussehen könnte. Irgendwann kamen sie zusammen mit dem Grafiker Willem Stratmann auf die Idee, dass sie ein MPC4000-Kissen brauchen.

Maria nähte den Kissenbezug und achtete auf jedes Detail. Die Knöpfe und Regler waren ausgestopft, um die 3D-Optik perfekt zu machen. Der Bezug umhüllte ein Sofakissen, auf dem Melbeatz bequem liegen konnte. Doch Maria hatte eine richtige Vision für die Queen of Beats. Sie wollte, dass die Produzentin ein großes, weites Shirt trägt und ihre nackten Beine mit Diamanten beklebt sind. Mel fühlte sich bei dem Gedanken, so auf dem Kissen zu posen, nicht wohl und entschied sich für Jersey und Jeans. Die neuen Air Force Ones fresh out the box waren aber wichtig und machten das Cover-Outfit authentisch. Trotzdem musste Melbeatz sich im Nachhinein von der ein oder anderen Seite anhören, dass sie auf dem Cover plötzlich auf sexy machen würde. Diese Leute wären vermutlich mit der ursprünglichen Idee komplett überfordert gewesen.

Das Coverfoto hat die Fotografin Katja Kuhl geschossen, die die Nachbarin von Melbeatz und Kool Savas war. Somit war Melbeatz bei dem Covershooting nur von Freunden und Bekannten umgeben, die alle das Beste für das Artwork wollten.

Offenbar wurde das Cover auch von The Alchemist als superkrass bezeichnet, als es ihm auf dem splash! jemand zeigte. Leider haben sich die Künstler dort nicht persönlich getroffen, da ihre Auftritte an unterschiedlichen Tagen stattfanden. Dennoch hat das Cover auch internationale Anerkennung bekommen.

Wer sich jetzt fragt, was mit dem MPC-Bezug passiert ist: Zu Mels Enttäuschung hat Maria den nicht mehr. So bleibt nur noch das übrig, was auf Fotos festgehalten wurde.

Mit freundlicher Genehmigung von Green Berlin.

HALLOZIEHNATION

MARSIMOTO

Während das soundtechnische Vorbild Quasimoto in einer Comicwelt lebt und selbst nicht als Mensch dargestellt wird, ist Marsimoto uns als eine Art Alien mit einer grünen Maske in einem grünen Ganzkörperanzug, umgeben von einer grünen Farbwelt bekannt.

2006 gab es weder die Maske noch die grüne Welt – wobei zweiteres eigentlich schon so geplant war. Doch damals gab es das erste Marsimoto-Album mit 30 Tracks und den dazugehörigen Songtiteln, die mit diversen popkulturellen Referenzen spielen, wie beispielsweise „Deine Weedlingsrapper", „Spiel mir das Lied vom Dope" und „Weedstreet".

Ein alter Freund von Marsimoto aus Rostock, Daniel Franke, lebte zu der Zeit auch schon in Berlin und studierte an der Universität der Künste. Dort hatten die beiden einen Raum und Equipment zur Verfügung, mit dem sie sich austoben konnten. Eine genaue Vorstellung, wie das Cover aussehen sollte, hatte Marsimoto zu dem Zeitpunkt noch nicht. Daniel Franke betrachtete das wie ein Semester-Projekt und fotografierte alles, das Marsimoto machte. Dazu gehörten Purzelbäume, Handstände und die absurdesten Bewegungen – und bei all dem war er nackt. Nachträglich setzten sie die Aufnahmen wieder am Computer zusammen und bearbeiteten sie. Im Ergebnis sah es wie eine Mischung aus einem flüssigen Bewegungsablaufs und einer verzerrten Wahrnehmung aus.

Da das Oberthema des Albums das Kiffen ist, erscheint es mehr als nachvollziehbar, dass sich die Darstellung von Rauch auf dem Cover als Gestaltungselement wiederfindet. Auch hier wurde Marsimotos Gesicht schon teilweise maskiert. Auf dem Cover mit einem Muster, das einer Weedknolle ähnelt, und auf der Rückseite des Booklets mit schwarzen Linien, die schon auf der Vorderseite zu sehen sind. Wäre beim Druck nichts schief gelaufen, wäre schon 2006 der Grundstein für die typisch grüne Marsimoto-Welt gelegt worden. Doch die Ergebnisse aus der Druckerei waren braun und es fehlte das Geld, um alles noch einmal neu drucken zu lassen. Deshalb erschien das Cover so, wie wir es kennen.

Allerdings sollte das Cover richtig schön grün sein, und es kam dann so braun aus dem Druck.

— MARSIMOTO

Fotografie & Layout: Daniel Franke & Silke Briel

Mit freundlicher Genehmigung von Snaga & Pillath

AUS LIEBE ZUM SPIEL

SNAGA & PILLATH

„Ich weiß nicht, ob ihr schon wisst, jetzt ist Pottzeit!" *(Samy Deluxe auf „Pottzeit")*

Snaga & Pillath entschieden sich bei den Titeln ihrer Releases oft für Filmtitel – so auch bei ihrem Debütalbum „Aus Liebe zum Spiel". Visuell lieferten die Filme jedoch keine Vorlage. Es gab bei diesem Album kein groß geplantes Covershooting. Die Rapper trafen sich tagsüber mit der Fotografin Katja Kuhl in Gelsenkirchen, fuhren ein paar Spots ab und machten Pressefotos. Diese landeten im Album-Booklet.

Die Fotografin hatte hatte danach noch eine weitere Location im Kopf und überzeugte Snaga & Pillath, am Abend mit ihr an den Medienhafen nach Düsseldorf zu fahren. Auf der Fahrt dahin waren die Rapper noch unsicher, wie die Fotos werden. Vor Ort packte Katja Kuhl ihren Laptop aus, zeigte den beiden ein Bild, das sie von MOK gemacht hatte, und erklärte, die beiden im gleichen Stil porträtieren zu wollen. Damit stellte sie sicher, dass sich alle Beteiligten vorstellen konnten, was ihr vorschwebte. Zuerst fotografierte sie den Medienhafen ohne die Rapper im Bild und schuf so die gewünschte Lichtstimmung im Hintergrund. Diese Ansicht landete im Inneren der CD-Hülle. Dann machte sie aus der gleichen Position Aufnahmen mit Snaga & Pillath. Die Fotos der Kulisse und der Rapper fügte sie zu einem ausdrucksstarken Bild zusammen.

Snaga & Pillath waren so begeistert von dem Ergebnis, dass sie es der JUICE vorschlugen, als sie die Coverstory bekamen. Doch das Magazin wollte lieber ein eigenes Fotoshooting organisieren – das endete im Desaster, aber das ist wieder eine andere Story. Das einzige Gute daran: Die Rapper konnten das Foto so als Album-Cover verwenden.

Der damalige Haus- und Hofgrafiker von Deluxe Records, Goran (Georgee) Tesanovic, setzte das Artwork zusammen und orientierte sich bei der Schriftfarbe an der gold-beigen Jacke von Pillath. Der Rapper erinnert sich daran, dass der Grafiker seiner Zeit voraus gewesen sei und schon Deluxe Records-Videoblogs gemacht habe, bevor es fast so etwas wie ein Deutschrap-Standard war.

Fotografie: Katja Kuhl
Artwork: Goran (Georgee) Tesanovic

Innenseite

Mit freundlicher Genehmigung von Vienna International Records.

VERSAGER OHNE ZUKUNFT

KAMP ONE & WHIZZ VIENNA

Der Kamp-Ring wird jeden Tag getragen mittlerweile halt als Pinkie Ring, nachdem die Wurstfinger noch wurstiger geworden sind.

— KAMP ONE

Fotografie: Christof Moderbacher
Artwork: Pierre Striebeck
Tags: David Schmenger

Die Polizei wird im Rap eher selten positiv erwähnt und Graffiti-Writer und die Polizei sind sowieso seit Tag eins Kontrahenten. Umso verwunderlicher ist deshalb das Cover zu „Versager Ohne Zukunft" von Kamp One und Whizz Vienna, da es den Schreibtisch des „Gegners" zeigt. Dabei wurde wirklich auf jedes kleine Detail geachtet: die Polizeiakte, Beweisfotos, Fingerabdrücke und den typischen angebissenen Donut.

Die beiden Musiker sind Writer und wurden tatsächlich einmal gemeinsam gebustet, in einem Zustand, der weniger mit „sturzbetrunken" sondern besser mit „quasi klinisch tot" beschreiben lässt. Dieses Ereignis hatte nicht nur finanzielle Folgen, die sie noch lange beschäftigten, sondern legte auch den Grundstein der „Versager Ohne Zukunft"-Mentalität. Für kurze Zeit war „VOZ" das Kürzel für Kamp One und ein paar weitere Writer.

Die Grundidee des „Caught in the act"-Moments für das Cover stammt von dem Rapper Kamp One selbst. Der Grafikdesigner Pierre Striebeck baute diesen Einfall aus, indem er den den polizeilichen Fahndungsschreibtisch entwarf.

Alle einzelnen Fotos erstellte Christoph Moderbacher in Wien extra für das Album. Dafür betrieb er einigen Aufwand. Das gesamte Composing des Stilllebens übernahm dann Pierre Striebeck in Trier, indem er den Großteil der Bildbestandteile tatsächlich auf einem Tisch arrangierte und fotografierte. Den Rest fügte er am Computer hinzu, wie zum Beispiel die Akte mit dem Stempel des Stadtpolizeikommandos Wien.

Obwohl Kamp One seinen Vater damals eher negativ thematisierte, verbrachte er für das Cover seit langer Zeit einmal wieder einen Nachmittag mit ihm. Denn er spielte den Polizisten, der rechts unten auf dem Foto zu sehen ist. Die Tags stammen von David Schmenger: Kamp One wollte seine echten Tags nicht für das Cover hergeben. Weniger Sorge hatten die beiden hingegen damit, ihre richtigen Fingerabdrücke zu veröffentlichen, die rechts oben unter ihren Polizeifotos zu sehen sind. Allein die vielen Details auf dem Cover erzählen schon eine eigene Geschichte und greifen das Thema des Albums auf.

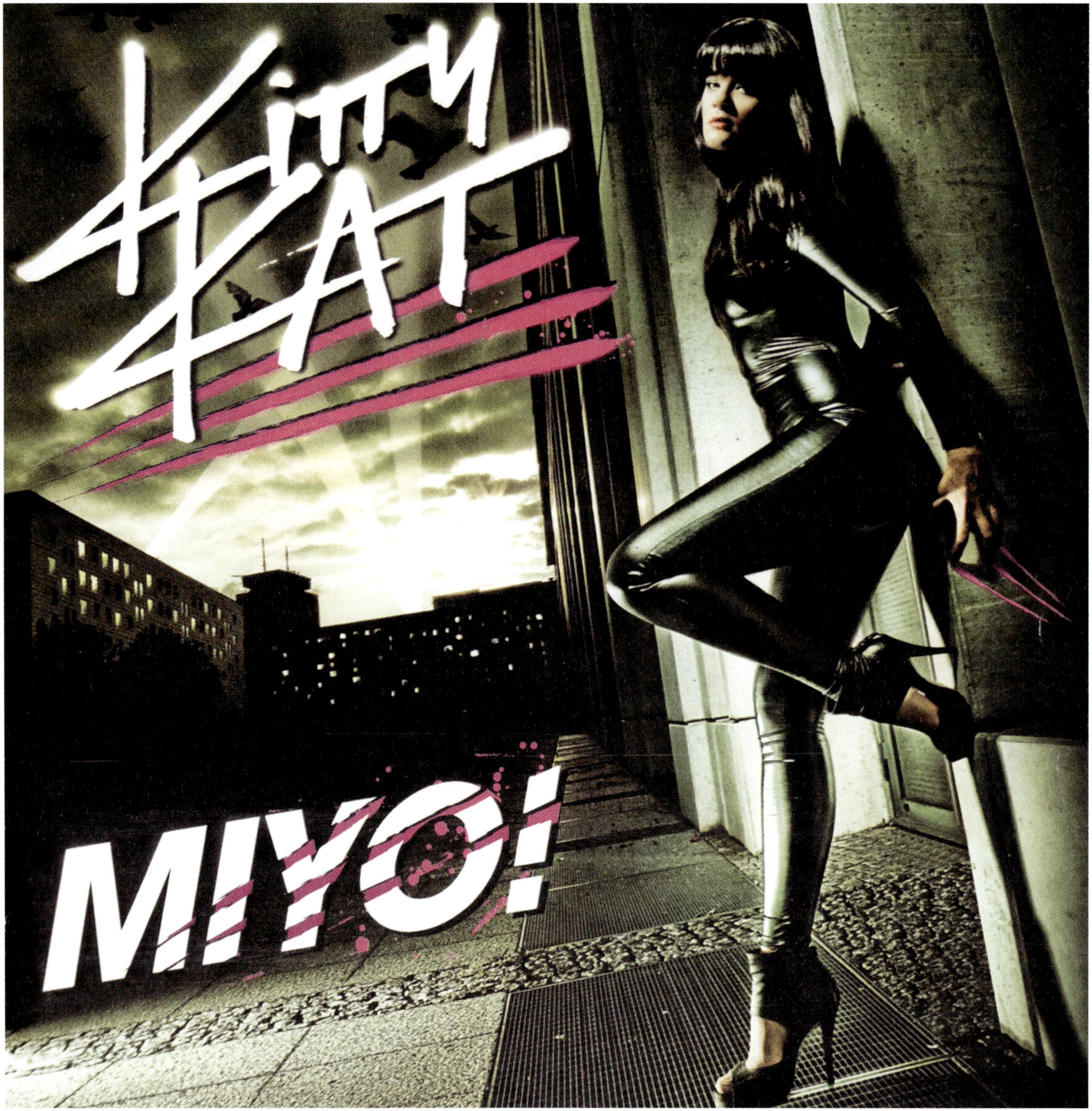
Kitty Kat
MIYO!

MIYO!
KITTY KAT

Kitty Kat stand als erste Frau bei Aggro Berlin unter Vertrag, doch ihr Gesicht hielten sie lange versteckt. Erst mit dem Video zu „Aggro Ansage 8/5 krasse Rapper" (2008) tauchte sie das erste Mal visuell auf.

Für das Cover ihres Debütalbums „MIYO!" hat sie ein Superheldinnen-Image kreiert und ließ sich dabei von Catwoman inspirieren – was perfekt zu ihrem Künstlernamen passt. Um den Look zu komplettieren, lieh sie sich einen Latexanzug von einer Domina aus und zog sich High Heels an. Entgegen vieler Vermutungen sind es ihre echten Haare und keine Perücke, die sie auf dem Cover trägt.

Im Booklet sieht man zudem ein Foto, auf dem sie die typische Catwoman-Maske trägt, doch diese dauerhaft in ihr Image zu integrieren, war keine Option. Als Bühnenoutfit hätte sich das gesamte Ensemble nicht geeignet, da es bei den Shows einfach viel zu heiß darin geworden wäre. Außerdem trug Kitty Kat viel lieber bequemere Klamotten und wollte sich wohlfühlen. Gleichzeitig zeigte sie mit ihrem Cover, dass man hart, direkt und in einer Männerdomäne akzeptiert werden kann und man sich so zeigen soll, wie man möchte und sich fühlt. Auch diese Attitüde verdeutlichte sie auf dem Album: „Ich bin feminin und trotzdem Boss." *(Kitty Kat auf „MiYo!")*

Das Coverfoto und die Aufnahmen im Booklet hat der Fotograf Martin Häusler geschossen. Er hat unter anderem als Regisseur für verschiedene Musikvideos gearbeitet und diverse Fotos von Britney Spears, Bon Jovi und den Pussycat Dolls gemacht.

Grafiker Benjamin Kakrow von Typeholics entwickelte die Kratzspuren als gestalterisches Element und baute sie ins Artwork ein. Mit ihrer Hand an der Säule sieht es aus, als markiere die Rapperin ihr Revier oder zeige, dass sie da ist. Pink und Lila dienten als die Akzentfarben der Gestaltung und ziehen sich bis heute durch viele Artworks von Kitty Kat.

Fotografie: Martin Häusler
Layout: Typeholics/Benjamin Kakrow

Mit freundlicher Genehmigung von Chimperator.

T.A.F.K.A.A.Z. :D
KAAS

> Es war dann wie Bandarbeit. Meine ganze Familie hat mir geholfen und wir saßen da drei oder vier Tage dran.
>
> – KAAS

Artwork: Lukas Michalcyzk und zrkls

Eins der 3.000 individuellen Cover

Dieses Album hat einen umständlichen Weg hinter sich. Ursprünglich trug es den Titel „Amokzahltag :D" und zog mit der Videoauskopplung zum Song „Amok Zahltag" viel Aufmerksamkeit auf sich. Diese zeigte Szenen des Films „Amok" von Peter Lenkeit und begann mit einer Zitateinblendung von KAAS. Darin verleiht er seiner Hoffnung Ausdruck, mit seiner Musik Menschen dazu zu inspirieren, ihre Aggressionen in Kunst zu verwandeln, und setzt auf Nächstenliebe statt Ausgrenzung. Das Video wurde fälschlicherweise medial in Zusammenhang mit dem Amoklauf in Winnenden 2009 gebracht und als gewaltverherrlichend betitelt – ein damit zusammenhängendes Verfahren wurde jedoch eingestellt. Chimperator entschied sich, das Video von allen Plattformen zu löschen, das Album-Release zu verschieben und den Song sowie das Intro mit den Tracks „Lovemovement Anthem" und „Amok Nachtrag" zu ersetzen.

Die gedruckten 3.000 Cover wurden nicht neu produziert, sondern von KAAS mit Hilfe seiner Familie neu gestaltet. Sie packten jede CD einzeln aus der Folie aus, strichen die Albumtitel sowie die zwei Tracks auf der Rückseite durch, und KAAS schrieb die neuen Songtitel von Hand darauf. Für jedes der 3.000 Alben überlegte er sich einen individuellen Namen – von „Die Engel von Reutlingen" bis „Heavy Land" war alles dabei. Die Nachpressungen zeigten ebenfalls den schwarzen Balken in Filzstift-Optik. Sie trugen den einheitlichen Namen „T.A.F.K.A.A.Z. :D" („The Album formerly known as Amok Zahltag :D"). Doch vor dem ganzen Chaos stand die Idee des Covers: Als KAAS auf der Suche nach einer Art Wappentier war, stieß er immer wieder auf das Einhorn. Das Fabelwesen steht für Freiheit und symbolisiert für ihn das Gute. All das passte zu dem Lovemovement, das KAAS zu der Zeit initiierte. Nachdem der Musiker die Idee für das Covermotiv hatte, beauftragte er einen Maler, doch das Ergebnis erschien ihm zu perfekt. Deshalb skizzierte KAAS selbst die finale Coverzeichnung, die der Art Director zrkls nachträglich digital bearbeitete.

Eine große Vision gab es nicht, KAAS zeichnete einfach, was sich für ihn richtig anfühlte. Dazu gehörte der fast schon übertriebene Liebesmodus, mit dem er gleichzeitig versuchte, einen Umgang mit seiner Depression und den damit verbundenen selbstverletzenden Gedanken zu finden. Jeder Song, den er vor seinem ersten Album veröffentlichte, fühlte sich für KAAS an, als erlerne er Musik. Irgendwann merkte er, dass viele seiner Aussagen in den Texten gar nicht seinem Wesen entsprachen. So lernte er über sich im Album-Entstehungsprozess, dass er sich nicht mehr verstellen oder anpassen möchte und einfach der sensible, schüchterne Typ sein will, der er eben ist. Auch dafür steht das Cover.

Mit freundlicher Genehmigung von Kopfhörer Recordings.

ROTWILD
FIVA

> *Wenn ich mit Leuten zusammenarbeite, dann zeige ich ihnen auch immer die Songs, sage, was ich rüberbringen möchte und frage dann, was sie dazu für Ideen haben.*
>
> – FIVA

Fotografie: Andreas Waldschütz
Gestaltung: Matthias Friederich

Das Album „Rotwild" hat Fiva in Linz aufgenommen, doch zu dem Zeitpunkt hatte es noch keinen Namen. Auf der Fahrt zurück nach Hause fiel ihr der Begriff „Rotwild" ein. Dieser gefiel ihr so gut, dass sie ihn als Albumtitel wählte. Sie mochte an dem Wort, dass es das Wilde einschließt, ohne aggressiv zu wirken.

Bei Rotwild handelt es sich um eine Hirschart, die ein besonders großes und weitverzweigtes Geweih auszeichnet. Das erschien Fiva passend, da sie sich oft wie das Reh in der Rapszene fühlte. Sie wurde immer als sympathisch und harmlos bezeichnet. Eigentlich sind das schöne Begriffe, doch vor allem in der damaligen Hip Hop-Welt waren das keine gewünschten Attribute. Aber der Rapperin war das egal. Sie ließ das MC an ihrem Künstlernamen weg, zeigte sich das erste Mal auf einem Cover mit einem Foto und fühlte sich wie in einer Art Häutungsprozess.

Über die gemeinsame Freundin Nora lernte sie den Fotografen Andreas Waldschütz kennen, der die Fotos für das Cover und das Booklet machte. Nora war für das Outfit sowie die Ausstattung des Shootings verantwortlich, da die Rapperin laut eigener Aussage kein Gespür dafür habe. Mit der roten Jacke griffen sie den Wortwitz im Albumtitel auf.

Fiva hatte den Fotografen schon vorgewarnt, dass sie sich vor der Kamera nicht so richtig wohlfühle. Doch er zauberte trotz der unangenehmen Kälte während des Shootings und ihrer anfänglichen Unsicherheit schöne Fotos, auf denen sie sich gut getroffen fand.

Als die Aufnahmen entstanden, hatten sie noch nicht entschieden, wie die Gestaltung des Covers aussehen solle. Diese übernahm der Grafiker Matthias Friederich, der auch schon das Cover zu Fivas Buch „Klub Karamell" gestaltet hatte. Deshalb hatte sie Vertrauen zu ihm und wusste, dass er ihre gestalterischen Vorstellungen versteht. Anfangs wollte er ein Cover zeichnen, aber er hatte außerdem eine Idee, wie er die Fotos von Fiva einbinden kann. Der Bilderstapel vermittelt den Eindruck von Momentaufnahmen, die man in Erinnerung behalten möchte. Sie kommen zudem immer wieder in den Songs vor. Der verschlungene Schriftzug liegt zwar über allem, aber stört die Wirkung des Bildes in keinster Weise.

HAMMER & ZIRKEL

Mit freundlicher Genehmigung von H&Z Entertainment.

WIR SIND FREUNDE UND DARUM MACHEN WIR MUSIK

HAMMER & ZIRKEL

> *Ich bin morgens einmal wach geworden und dachte mir: „Wenn wir unsere Mütter so öffentlich zeigen, dann hätten wir die dicksten Eier."*
> – PATRICK THIEDE

Fotografie: Kike Photography
Artwork: Patrick Reichboth

Mütter spielen im Rap schon immer eine Rolle. Mal werden die Mamas des Kontrahenten verbal beleidigt und „gefickt", und mal sind alles Schlampen außer Mutti. Doch Georg (Hammer), Patrick Thiede (Zirkel) und DJ Tracksau, zusammen Hammer & Zirkel, bringen ihre eigenen Mütter anders in die Rapwelt: auf ihrem Cover zum gemeinsamen Album „Wir sind Freunde und darum machen wir Musik".

Die Idee, die eigenen Mütter auf dem Artwork in Szene zu setzen, kam Patrick Thiede eines Morgens nach dem Aufwachen. So wollten sie den Rest der Rapszene entwaffnen, denn die drei nahmen zu der Zeit sowieso alles und jeden aufs Korn.

Die Bandmitglieder Hammer und DJ Tracksau fanden die Idee von Patrick sofort gut. So brachten sie alle drei Muttis ins neue Fotostudio von Kike. Für die Damen war das natürlich keine alltägliche Situation, deshalb reagierten sie anfangs etwas reserviert. Doch nach und nach tauten sie im Fotostudio auf und hatten Spaß dabei, ihre Söhne auf diese Art zu unterstützen. Hammer & Zirkel trieben das Ganze weiter auf die Spitze, indem sie ihre Mütter teilweise ihre Interviews mit Rap-Medien führen ließen und setzen so das Cover-Thema noch in der Promophase fort.

Anstatt alle Muttis einzeln abzulichten und in Photoshop zusammenzusetzen, fotografierte Kike sie genau so, wie sie auf dem Cover zu sehen sind. Auch der babyblaue Hintergrund wurde bewusst für das Album ausgewählt und macht das Covermotiv auffälliger. Einzig die Fotos in den Bilderrahmen hat der Fotograf nachträglich eingefügt. Damit das Motiv genug Raum hat, steht nur der Bandname auf dem Cover und nicht der Albumtitel. Im Booklet und auf der CD sind die echten Lieblings-Kuscheltiere aus Hammers & Zirkels Kindheit zu sehen und unterstreichen den entwaffnenden Charakter des Artworks. Damit trägt die Band ihre familiäre Seite nach außen und sorgt so für einen schönen Kontrast zur damaligen Straßenrap-Hochphase.

Mit freundlicher Genehmigung von Wolfpack Entertainment.

DER MANN IM HAUS
HARRIS

Harris ist „Der Mann im Haus", dem seine Familie wichtig ist und der sich gerne um seine Kinder kümmert. Aus dieser Position heraus beobachtet er die anderen und hat alles im Blick. Er wollte mit dem Cover zeigen: „Ich sehe euch", auch wenn er bei seiner Familie ist.

Die Inspiration lieferte der Aktivist und Bürgerrechtler Malcolm X, der auf einem seiner ikonischen Fotos in der gleichen Pose mit einer Waffe hinter einem Vorhang steht. Auch KRS One ließ sich in dieser Haltung für sein Cover zu „By All Means Necessary" (1988) fotografieren. Doch da Harris nicht auf Gewalt getrimmt ist, wollte er keine Waffe auf dem Foto haben und ersetzte diese kurzerhand mit einem Babyfläschchen. Die Idee dafür hatte er schon früh im Entstehungsprozess.

Auch wenn der Rapper auf seinem Album immer wieder über seinen Nachwuchs rappt und sein Sohn darauf Fritzchen-Witze erzählt, ist keins seiner Kids auf dem Cover zu sehen. Sein erstes und zweites Kind waren zu der Zeit keine Babys mehr und das dritte kam erst Wochen später zur Welt. Doch zum Glück haben die befreundeten Nachbarn kurz vorher eine Tochter bekommen. Mit ihr auf dem Arm konnte Harris seine Cover-Idee perfekt umsetzen.

Das Foto entstand in einem Berliner Hotel. Die Aussicht aus dem Fenster auf den Block wurde später ins Bild retuschiert, um die Hoodwatch-Attitüde deutlich zu machen.

Da er großer Fan der Aggro Berlin-Bildwelt war, holte Harris sich Specter mit ins Kreativteam, außerdem zwei Stylistinnen, die für jedes Bild im Album-Booklet die Outfits und Sets zusammenstellten. Für das Cover stimmten sie Hemd, Krawatte, Kochschürze und Kleidung des Kindes farblich perfekt aufeinander ab. Auch der Künstlername und der Albumtitel fanden in der gleichen Farbwelt statt.

In der Rapszene von 2010, die vor toxischer Männlichkeit nur so überlief, wirkt dieses Cover wie ein Statement, das Harris so selbstverständlich transportiert wie es für ihn auch ist. Familie und die Verantwortung als Familienvater spielten in seinen Songs schon immer eine große Rolle, die er nachträglich auf kreative Weise unterstrich.

Artwork: Aggressives Aussehen, Specter und Florian Wörner
Fotografie: Ingo Haussmann
Fotoprod.: Anja Wiroth
Make Up: Patricia Piatke mit Uslu Airlines Products
Styling: Jeanette Hepp aka Janet „Curtis" Jackson & Pelén „Elleparamour" Boramir

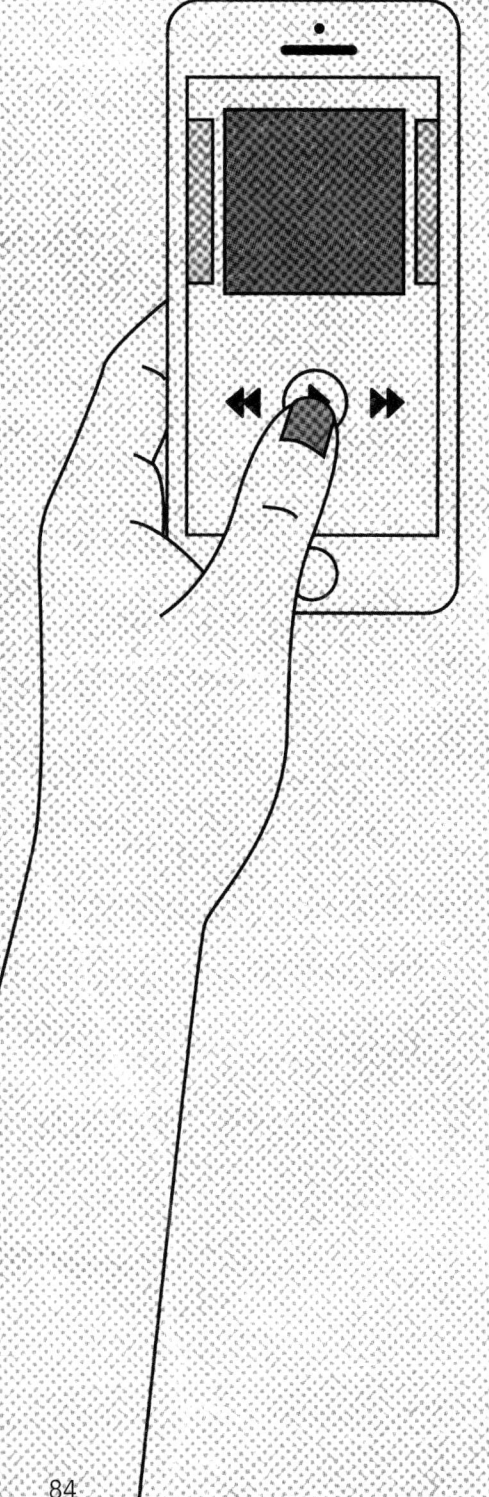

SIND COVER HEUTE NOCH WICHTIG?

TEXT VON VANESSA SEIFERT

Im Laufe all der Interviews und Gespräche über Coverartworks stand immer wieder eine Frage im Raum: „Werden Cover heutzutage überhaupt noch benötigt?" Das ist mein Versuch einer Einordnung.

Heutzutage dominieren Streamingdienste mit ihren Playlists den Markt. Diese werden häufig durchgehört, ohne auf InterpretInnen und Artworks zu achten. Im Gegensatz dazu waren früher im Plattenladen Cover oder Namen häufig kaufentscheidend. Man wühlte sich regelrecht Ewigkeiten durch die Plattenkisten und -regale. Dabei ist auch heute das Cover häufig das erste, das man mitbekommt, wenn MusikerInnen ein Album ankündigen. Nicht selten wird der Social Media-Kanal vorher aufgeräumt, um etwas später mit einem Post eines neuen Covers um die Ecke zu kommen. Gemeinsam mit der ersten Single wird so ein Gefühl vermittelt, wie das Album klingen könnte. Wird es ein melancholisches Album oder eins voller Partysongs? Klingt es eher experimentell oder rough? All das verrät meist schon das Cover. Auch der Trend, eine Vielzahl an Singles zu veröffentlichen, sorgt dafür, dass es einen höheren Bedarf an Artworks gibt.

So bieten sich mehr Möglichkeiten, sich kreativ auszutoben. Im besten Fall gehen die Single-Cover Hand in Hand mit dem EP- oder Album-Cover.

In der Recherche zu diesem Buch ist ein Phänomen wiederholt aufgetreten. Viele Leute, die meinen, Cover seien heutzutage irrelevant, erzählen von Songs, die sie eigentlich mögen. Dann fällt ihnen auf, dass sie sich aber nicht mehr an den Titel erinnern. Stattdessen sagen sie: „Ach, das hatte so ein rotes Cover" oder „Das Foto war in Schwarz-Weiß und er saß auf einer Bank." Unterbewusst spielen Cover offenbar immer eine Rolle – auch für Leute, denen sie laut eigener Aussage egal sind. In den Interviews hörten wir immer wieder, dass viele zwar Songs in Playlists entdecken, der Song jedoch aufgewertet wird, wenn er ein ästhetisches oder passendes Cover hat. Gleichzeitig ist zu beobachten, dass viele Alben nur noch digital und auf Vinyl erscheinen. Die CD-Releases fallen weg. Für GrafikerInnen bedeutet das: Das Covermotiv muss im kleinstmöglichen Format im Streamingbereich, aber auch im Vinylformat funktionieren und optisch gut aussehen. Im besten Fall soll das Motiv außerdem als Banner und in den verschiedenen Social Media-Größen funktionieren. Detaillierte Cover und durchdachte Booklets kann man im Streaming gar nicht richtig erkennen und wertschätzen.

Von der Seite der Fans und HörerInnen zeigt sich, dass fast alle mit einem Plattenregal einige Lieblingsplatten haben, deren Cover vor allen anderen stehen oder eingerahmt an der Wand hängen. Läuft man in einer fremden Wohnung herum und entdeckt ein Cover eines Albums, das man selbst mag, dann hat die andere Person direkt 100 Sympathiepunkte gesammelt. Nicht nur Musik weckt Emotionen, sondern auch die Bilder, die wir damit verbinden. Streamingplattformen haben der Gestaltung von Vinyls jedoch einen Vorteil gebracht: Die Fläche, um sich auf Vinyls auszutoben, wurde freier. Albumtitel und KünstlerInnen-Namen müssen nicht mehr auf dem Cover untergebracht werden, da sie im Streaming sowieso darunter oder daneben stehen. Das physische Produkt bekommt deshalb häufig nur noch ein Sticker mit dem Titel und Namen auf die Schutzfolie aufgeklebt.

Früher waren Cover das Medium, um sich als Rapper darzustellen. Es war wichtig, wie man auf dem Album-Cover wahrgenommen und vor allem, dass man erkannt wird. Dabei ging es darum, wie böse oder verträumt man in die Kamera guckt, welche Kleidung man trägt, wie man auftritt. Diese Funktion übernehmen heute die Social Media-Kanäle. Für die Covergestaltung bedeutet das neue Möglichkeiten, um kreativer und künstlerischer aufzufallen. Artworks werden heute so zu bezahlbarer Kunst, die sich alle an die Wand hängen können und die im besten Fall noch mit Songs oder Erinnerungen verknüpft ist. Wegen der Chance, die (im Rapbusiness notwendige) Selbstdarstellung auf einen anderen Bereich zu verlagern, beauftragen MusikerInnen auch vermehrt Kunstschaffende, statt reine AuftragsgrafikerInnen. Der künstlerische Aspekt im visuellen Bereich gewinnt so immer mehr an Wichtigkeit. Manchmal werden Covermotive genutzt, um auf andere musikalische Werke zu referenzieren – wie beispielsweise Eko Fresh mit „Eksodus" oder LGoony mit „Grape Tape".

Am Ende bleibt nur zu sagen: Ein gutes Cover macht ein schlechtes Album natürlich nicht zu einem besseren. Ein gutes Cover kann ein gutes Album aber definitiv aufwerten, damit es dann sogar länger im Gedächtnis bleibt.

2011–2015

Mit freundlicher Genehmigung von Universal Music Group.

SCHWARZWEISS/UP2DATE

SAMY DELUXE

> *Rückwirkend betrachtet, schätze und bewundere ich Samys tiefstes Vertrauen, mich damals als knapp mal 20-Jährigen völlig frisch und frei darauf loszulassen.*
>
> – WES21

Design: Dirk Rudolph
Illustration: WES21

„Kaum aufgenommen, schon ein Klassiker." *(Samy Deluxe auf „Hände hoch")* Samy Deluxe schien mit seiner Aussage Recht zu behalten. Das Album landete auf Platz eins der Charts und brachte ihm eine goldene Schallplatte ein. Doch wie ist das Cover des Klassikers entstanden?

Bei einem Auftritt im Coupole in Biel fiel Samy Deluxe die Gestaltung der Wände auf und er hat sich den Namen WES21 beziehungsweise Schwarzmaler gemerkt. Als es an die Gestaltung der „SchwarzWeiß/Up2Date"-Bildwelt ging, lud er diesen Künstler sowie sieben weitere in die Kunstwerkstatt ein. Er hat dort einen Raum mit Pressholzplatten verkleidet und diese mit LKW-Planen bespannt.

So entstand eine große weiße Fläche, auf der sich jeder austoben konnte. Für die Künstler war der Albumtitel „SchwarzWeiß/Up2Date" maßgebend und sie durften von der Farbrolle bis zum Marker alles verwenden. Mit der Zeit wurde der Raum immer voller und quoll vor Kreativität fast über. In diesem Szenario ist auch das „Hände hoch"-Musikvideo entstanden. Im Zuge dessen hatte WES21 einen riesigen Gorilla gemalt. Der Grafiker Dirk Rudolph, der die Art Direction des Covers übernommen hatte, war auch dort und betrachtete die Kunstwerke der einzelnen Kreativen. Gegenüber Samy Deluxe machte der Grafiker deutlich, für wie talentiert er WES21 halte. Der gerade einmal Anfang 20-Jährige erarbeitete sich so unerwartet den Platz als Coverartist. Bis heute ist er dankbar für das Vertrauen, das der Rapper ihm entgegen gebracht hatte. Als Vorlage hatte er ein paar Fotos von Samy Deluxe bekommen. Die Farben Schwarz und Weiß standen dabei im Vordergrund, ebenso wie der Kunst-Aspekt. Der Künstler malte einige Portraits des Rappers. Ein paar davon sind im Album-Booklet, im Musikvideo und auf dem Merch zu sehen.

Das Albumcover liefert ein perfektes Beispiel dafür, dass Artworks auch bezahlbare Kunst zur Wandgestaltung sein und nicht nur zur Darstellung eines Rappers genutzt werden können.

Mit freundlicher Genehmigung von Amewuga.

LEIDKULTUR
AMEWU

Eigentlich hatte Amewu nur eine Vorgabe, was sein Cover anging: Sein Gesicht sollte nicht Teil des Motivs sein. Ansonsten ließ er dem Grafiker Drift komplett freie Hand. Wie man sieht, hat der sich nicht dran gehalten. Nachdem er das Album gehört hatte, war für ihn klar, dass Amewu Teil des Covers sein musste. „Leidkultur" ist sehr persönlich und beschäftigt sich intensiv mit der Gefühlswelt des Rappers. Amewu thematisiert Leid, mentale Probleme, Selbstreflektion und eine daraus resultierende Aufbruchsstimmung. So kam vieles zusammen, das für eine Sichtbarkeit des Urhebers sprach.

In einem der Gespräche mit Drift erwähnte Amewu den Künstler Alex Grey und erzählte, wie fasziniert er von dessen Kunst sei. Beide beschreiben die Arbeit des Künstlers als „Darstellung von psychedelischer Anatomie". Mit dem musikalischen Input des Albums sowie dem Einfluss aus den Vorgesprächen setzte sich Drift an die erste Skizze. Der Albumtitel war dafür nicht entscheidend und wurde ohnehin erst sehr spät festgelegt. Nachdem sie sich für einen Entwurf entschieden hatten, stimmten die beiden sich viel ab und ergänzten nach und nach die Details. Das dritte Auge in der Stirn stellt dabei die Stärkung der Intuition sowie die Bewusstseinserweiterung dar. Es handelt sich um eins der sieben Chakren im Hinduismus, dient aber auch in anderen Religionen als ein wichtiges Konzept und Symbol. In der weiteren Gestaltung hat der Grafiker jedoch nicht auf bekannte Symbolik zurückgegriffen, sondern nach ästhetischem Ermessen eigene festgelegt.

Die Depressionen, der Kampf mit den eigenen Dämonen und gesellschaftlichen Zuständen, die immer tiefer gehende, schon fast das eigene Selbst zersetzende Introspektion und teilweise das Gefühl, knapp vorm Tod zu stehen, stellt er mit dem Skelett auf der einen Gesichtshälfte dar. Man sieht, wie Amewu auf der anderen wieder ins Leben zurückkehrt. So kam Drift auf die Träne, die aus dem Auge des Rappers läuft. Dieser ergänzte die Idee mit einem Garten, der gewässert wird – metaphorisch entsteht also aus dem Leid neues Leben. Ein passendes Bild, wenn man betrachtet, dass Amewu in einem späteren Interview erwähnte, das Album habe sein Leben gerettet. Um zu verhindern, dass das Motiv zu sehr an einen Horrorfilm erinnert, bildete der Grafiker den Mund komplett natürlich ab, anstatt die Skelettdarstellung mit Zähnen zu malen. Nach und nach fügte er weitere ästhetische Elemente hinzu, die das Cover vervollständigten. Dabei balanciert er gekonnt auf dem schmalen Grat zwischen Kunst und Kitsch.

Artwork: Drift

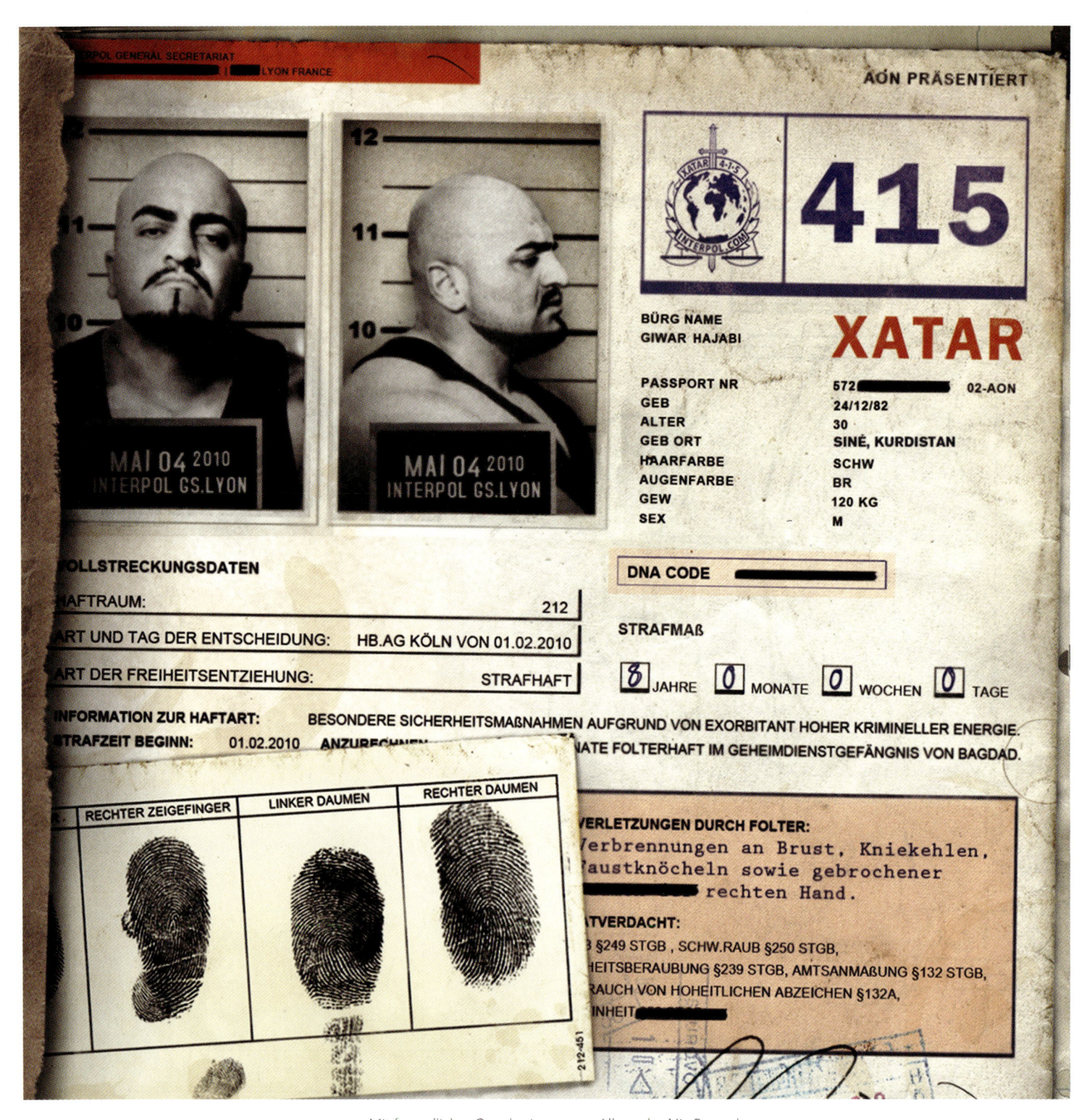

Mit freundlicher Genehmigung von Alles oder Nix Records.

NR. 414
XATAR

> *Mehr Hip Hop geht gar nicht! Da sitzt jemand im Knast und macht ein Album. Durch den Austausch über ein verbotenes Handy entsteht das Artwork.*
>
> — ADOPEKID

Artwork: Adopekid

„Nr. 415" ist ein Knastalbum, das der Rapper Xatar tatsächlich in Haft geschrieben und heimlich aufgenommen hat. Nicht nur die Songs entstanden dort, sondern auch das Cover entwickelte sich in der Zeit, in der er hinter Gittern saß.

Den Grafiker Adopekid erreichte irgendwann ein Anruf von einer unbekannten Nummer. Der Anrufer sagte, er sei Giwar. Da Adopekid schon jahrelang nichts mehr von ihm gehört hatte, glaubte er ihm anfangs nicht und blieb skeptisch. Nach ein paar Wortwechseln merkte er aber, dass er wirklich Xatar in der Leitung hatte.

Dieser rief aus dem Gefängnis über ein illegal aufgetriebenes Handy an und erzählte ihm von dem Album, an dem er arbeitete. Ohne dass sie sich auch nur einmal visuell austauschen konnten, begann der Grafiker mit der Arbeit am Cover. Ab diesem Zeitpunkt telefonierten sie einmal pro Woche. Aber natürlich musste alles schnell gehen, da wegen der Brisanz des geheimen Handys keine Zeit für Smalltalks blieb. Außerdem konnte Adopekid auch nicht einfach anrufen, da immer wieder verschiedene Leute das Knasthandy benutzten. Er musste sich also vorher schon überlegen, was er alles von Xatar wissen wollte. Die Infos für den Steckbrief – wie Geburtsdatum und Größe – kamen per SMS. Was die Fotos anging, bediente Adopekid sich bei bereits existierenden Bildern des Rappers.

Das Cover zeigt penibel jedes Detail, das eine Akte eines Inhaftierten beinhaltet. Doch mit den abgebildeten Fingerabdrücken kann niemand etwas anfangen, da es sich nicht um echte Abdrücke handelt, sondern lediglich um Photoshop-Stempel.

Damit das Cover nicht in den Druck geht, bevor es Xatar gesehen hat, nahm ein Freund des Rappers einen Ausdruck mit zu einem Gefängnisbesuch und zeigte ihn ihm. So bekam Xatar zumindest einen ersten Eindruck und wusste, worüber er mit Adopekid immer nur gesprochen hatte. Das Booklet griff die Gefängnis-Atmosphäre weiter auf. Darin fand sich zum Beispiel ein codierter Text, den etliche Leute tatsächlich geknackt haben. Somit spielt das Album nicht nur mit der Knastthematik, sondern könnte sich musikalisch wie visuell kaum näher an der Realität bewegen.

TRIEBWERKE

Mit freundlicher Genehmigung von Trailerpark.

TRIEBWERKE

ALLIGATOAH

Ich habe lange gezögert, diese „Nacktkarte" zu spielen, denn man kann die nicht immer spielen. Es ist nur was besonderes, wenn es nicht erwartet wird.

— ALLIGATOAH

Künstlerische Leitung: Alligatoah
Grafik & Layout: C.O.G. Graphix
Co-Design & Illustration: Velvet Kane

Hört man den Begriff „Triebwerke", denkt man vermutlich an die Triebwerke eines Flugzeugs. Doch der Rapper Alligatoah deutete dieses Wort auf seinem Album neu und versammelte darunter Songs um Beziehungs- und Liebesthemen. Auch das Cover weist dem Wort ein neues Bild zu: Die Malereien an den Wänden sind die Werke und der Künstler selbst stellt mit seiner Nacktheit den Trieb dar.

Selbst die Rolle des Aktmalers definiert Alligatoah hier neu. Eigentlich ist ein Aktmaler angezogen und die Menschen, die er malt, sind nackt. Auf diesem Cover ist es andersherum. Der Rapper steht nackt vor den Malereien, die meist angezogene Frauen zeigen. Dabei brachte ihm der Blitzer seiner Hoden die Sperrung des Bildes in den sozialen Medien ein, sodass es dafür eine zensierte Version gab.

Für die Portraits malten der Rapper und sein damaliger Mitbewohner eine Nacht durch, um genug Bilder zusammenzubekommen. Diese brachten sie alle ins Atelier „Junge Kunst Berlin" und hängten sie auf. In Alligatoahs Vorstellung sollten Bilder in verschiedenen Stilen die komplette Wand bedecken, doch die gemeinsam gemalten Werke reichten dafür nicht. Am Ende ergeben die Gemälde aber einen schönen Rahmen um den Rapper und es sieht nicht so aus, als ob etwas fehlen würde.

Für die ersten Probefotos machte der Fotograf Norman Zoo digitale Aufnahmen, aber das finale Cover wurde analog mit der Mamiya RZ geschossen. Nachträglich wurden die Bilder eingescannt, und Alligatoah bearbeitete diese nur minimal am Computer, um nicht den analogen Look zu zerstören. Einzig die typische blau-gelbe Album-Farbwelt war dabei wichtig und ist dezent am linken und rechten Rand erkennbar.

Das Thema der Malerei findet sich in der Premium-Box zum Album wieder. Ihr sind ein Malbuch und Wachsmalstifte beigelegt. Der Wunsch, beides in die Box zu packen, stand schon relativ am Anfang fest. Die Beigaben ergänzen das auf dem Cover dargestellte Thema Malerei.

Mit freundlicher Genehmigung von Adopekid und Eko Fresh.

EKSODUS

EKO FRESH

Das „Eksodus"-Cover steckt voller visueller Hommagen. Im Booklet sind die Artworks diverser Classic-Alben abgebildet, jeweils so interpretiert, dass Eko Fresh in ihrem Zentrum steht. Für das Cover zum Album entschieden sich der Rapper und der Grafiker Adopekid für eine Würdigung von „Dangerous" von Michael Jackson. Das Original zeigt nur die Augen des Popstars. Der Grafiker illustrierte für das Eko Fresh-Cover jedoch das komplette Gesicht des Rappers.

Das „Dangerous"-Original, ein Gemälde auf einer 20 Quadratmeter großen Leinwand, entstand Berichten zufolge in monatelanger Arbeit. Adopekid ging da auf den ersten Blick etwas pragmatischer vor. Er skizzierte die einzelnen Elemente per Hand, und digitalisierte die Skizze später am Computer. Das Ganze entpuppte sich allerdings als nicht weniger aufwendig. So entstand zwar keine große Leinwand, aber ein riesiges Photoshop-Dokument mit 395 Ebenen, das aus unendlichen vielen Details bestand. Alleine das Speichern dauerte eine Ewigkeit.

Der Grafiker beschäftigte sich intensiv mit den verschiedenen Karrieresteps des Rappers sowie mit einigen Elementen aus dessen Leben. So verwundert es nicht, dass die abgebildeten Engel mit Kopfhörern und Plattenspielern ausgestattet sind. Insgesamt ließ sich der Rapper davon überraschen, was der Grafiker zauberte. Also konnte sich Adopekid komplett kreativ austoben.

Links von Eko Freshs Kopf findet sein Hund Butkus seinen königlichen Platz und blickt auf sein Herrchen. Auch Referenzen zu Ekos Faszination für Wrestling sowie zu früheren Rap-Zeiten finden sich. Selbst die Teilnahme am „Perfekten Promi-Dinner" greift er auf.

Wenn man einmal angefangen hat, genau hinzuschauen, kann man gar nicht wieder damit aufhören und entdeckt immer weitere Details.

Jahrelange KarrierebegleiterInnen wie die JournalistInnen Visa Vie und Niko Backspin erhalten auf dem Cover einen Ehrenplatz in der Krone des Rappers.

Somit bildet das Artwork nicht nur an eine gelungene Hommage an „Dangerous", sondern fasst zudem Eko Freshs Karriere bis zum Albumrelease visuell zusammen.

Artwork: Adopekid

Mit freundlicher Genehmigung von Said & Andrej Filatow.

ZUM LEBEN VERURTEILT

SAID

> *Als ich das Album mit ihm durchgehört habe, hatte es noch keinen Titel. Aber mir kam dann irgendwie „Zum Leben verurteilt" in den Kopf. Said musste immer viel struggeln und ist durch viel Scheiße gegangen und dann passte das für mich irgendwie.*
>
> — FILATOW

Art Direction: Andrej Filatow
Illustration: Leif Heanzo

Als Said im Albumprozess steckte, traf er sich mit dem Art Director Andrej Filatow, um ihm das Projekt vorzustellen. Da Titelfindungen nicht zu den Stärken des Rappers gehören, hatte das Album zu diesem Zeitpunkt noch keinen Namen. Filatow und er unterhielten sich viel über die Songs und Saids Werdegang, sodass dem Art Director direkt die Formulierung „Zum Leben verurteilt" in den Sinn kam. Said musste in seinem Leben viel struggeln und hat viel durchgemacht, außerdem ist seine Mutter kurz vorher verstorben. All das fühlte sich wie ein Schicksal an, dem er schon von klein auf nicht entkommen konnte. Gleichzeitig erinnerte sich der Rapper daran, dass seine Mutter ihn immer unterstützt hatte. Zum Beispiel war sie noch oft mit ihm einkaufen, auch als er schon nicht mehr bei ihr wohnte. Dabei legte sie immer zuerst seine Sachen aufs Kassenband, gefolgt von einem Warentrenner und erst danach holte sie ihre Alkoholflaschen aus dem Einkaufswagen. Diese Erinnerung ist auch der Grund warum der Alkohol auf dem Cover so präsent zu sehen ist. Dass Filatow sich all diese Details aus dem Gespräch gemerkt hat, hat Said überrascht und gleichzeitig auch gerührt. Doch genau das macht das Artwork so persönlich, echt und passend. Das Spiel mit Gegensätzen sorgt mit dem Kontrast zwischen der familiären Einkaufssituation und der bedrückenden Gitteroptik für eine Zerissenheit. Gleichzeitig wirkt der Blick des Kindes melancholisch, obwohl es im Überfluss sitzt.

Für die Umsetzung der Illustration beauftragten sie den Concept Artist Leif Heanzo, der unter anderem an der Bildwelt des Films „Inglourious Basterds" beteiligt war. Die Kinderfotos, die er von Said als Vorlage bekommen hatte, sahen dem erwachsenen Said nicht ähnlich. Deshalb entschieden sie sich dafür, ein Foto aus der Jetzt-Zeit zu verkindlichen. Die Fish-Eye-Optik legt den Fokus extra auf das Kind und lässt das Gitter noch mehr wie ein Gefängnis wirken, in dem der Junge sitzt – obwohl es sich nur um einen Einkaufswagen handelt. Auch deshalb kann man dem Blick des Kindes nicht entkommen.

Mit freundlicher Genehmigung von Universal Music Group.

ENDLICH UNENDLICH

MEGALOH

Megaloh wollte sich mit diesem Album nicht nur musikalisch, sondern auch visuell neu präsentieren. Dafür holte er die Grafiker Tobias Honert und Jan Wirth von der zentrale sowie den Fotografen Robert Winter dazu.

Bevor es an die Covergestaltung ging, stand die Logo-Entwicklung im Vordergrund. Der Albumtitel „Endlich unendlich" lieferte dafür die Steilvorlage. Die Grafiker erinnerten sich an Elemente aus ihrem Studium und vereinten im Megaloh-Logo gleich zwei optische Besonderheiten. Zum einen entwickelten sie eine Figur, die nur aus einem bestimmten Blickwinkel betrachtet Sinn ergibt und nutzten so den Effekt der Anamorphose, einer absichtlich verzerrten Darstellung. Gleichzeitig erzeugten sie den Eindruck, den man vom Penrose-Dreieck kennt. Hier stehen alle drei Seiten in einem rechten Winkel zueinander und trotzdem ergeben sie scheinbar ein gleichschenkliges Dreieck.

Als die Idee stand, waren sich alle einig, dass das Logo als Cover dienen soll. Außerdem herrschte Einigkeit darüber, keine digitale Darstellung, sondern ein echtes Objekt zu verwenden. Gemeinsam entschieden sie, dass sie etwas Bodenständiges haben wollten und landeten so bei Holz. Nach einer kurzen Suche fanden sie in Johannes Migura den geeigneten Schreiner, um die gewünschte Skulptur anzufertigen. Diesen besuchten Tobias Honert und Jan Wirth besuchten ihn regelmäßig und verfolgten fasziniert, wie ihre Idee sich in ein zwei Meter großes Holzmodell verwandelte. Die Oberfläche wurde bearbeitet, um so den organischen Eindruck noch zu verstärken.

Als sie die Skulptur in das Studio gebracht hatten, fotografierte sie Robert Winter aus allen möglichen Perspektiven. Im Booklet wird die optische Täuschung aufgelöst. Die Farbigkeit des Covers sollte den natürlichen Look weiter unterstreichen.

Das Holzmodell wanderte später ins Studio von Megaloh und stand dort leider nur im Weg. Da er es nicht einfach entsorgen wollte, organisierte er einen Videodreh, in dem das Logo mit Benzin übergossen und abgefackelt wurde. So hat das Modell noch eine weitere künstlerische Ebene bekommen, die Megaloh immer wieder einbinden kann. Einen Ausschnitt des Materials sieht man im Abspann des „Hotbox"-Musikvideos aus dem Jahr 2020.

Die zentrale wollte etwas Ikonenhaftes für das Album entwerfen und hat ein Element geschaffen, das sich noch heute in der Bildwelt des Rappers findet.

Artwork: Jan Wirth und Tobias Honert (zentrale)
Fotografie: Robert Winter
Skulptur: Johannes Migura

Mit freundlicher Genehmigung von MOFO Airlines.

KAPITALISMUS JETZT

HIOB & MORLOCKK DILEMMA

Artwork: Bureau Omega

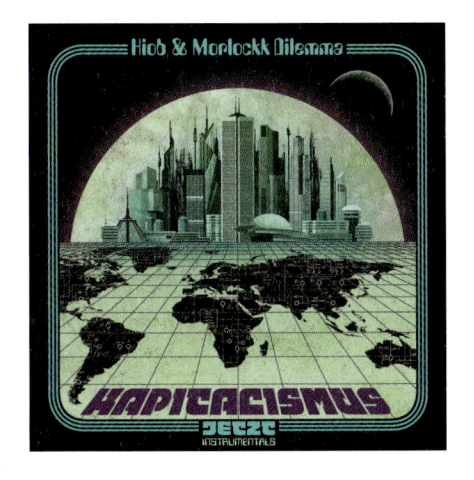

Kapitalismus Jetzt Instrumentals

Kannibalismus Jetzt

Das dritte gemeinsame Werk von Hiob und Morlockk Dilemma dreht sich um Dekadenz, Macht und Geld, gepaart mit etwas Selbstreflexion im Rahmen einer 70er-Jahre-Dystopie. Dieses Jahrzehnt spielte nicht nur soundtechnisch eine große Rolle, Ideen lieferten außerdem diverse Science Fiction-Filmplakate aus der Zeit. Zu den Inspirationsquellen gehörte laut Morlockk Dilemma der Film „Metropolis" von Fritz Lang.

Der Grafiker Timo Schlosser (Ink-a-zoid/Bureau Omega) ist für einen Großteil der Morlockk Dilemma-Cover verantwortlich und sorgt für einen optisch einheitlichen Stil, den man schnell mit dem Rapper in Verbindung bringt. Viele der Alben haben ein Konzept und geben so die Richtung für die Artworks vor. Schon zu Beginn der grafischen Arbeit war klar, dass die Platte der Start einer Trilogie sein sollte. Morlockk Dilemma, Hiob und Bureau Omega waren gleichermaßen an der Idee für das Cover beteiligt. Herausgekommen ist eine fiktive detailreiche Mega-City, die die Zukunft aus Sicht der 70er Jahre symbolisiert. Das Motiv steht, immer stärker zur Ruine verfallen, über die drei Alben „Kapitalismus Jetzt", „Kapitalismus Jetzt Instrumentals" und „Kannibalismus Jetzt" im Zentrum des Artworks. So ist die Trilogie optisch schnell als solche erkennbar und die einzelnen Alben sind wegen der unterschiedlichen Farbwelten gut zu unterscheiden.

Der in die Weltkarte integrierte Schaltkreis dient nicht nur als ein hübsches gestalterisches Element auf der Frontansicht, sondern gehört jeweils zu den Synthesizern, die auf dem Backcovern von „Kapitalismus Jetzt" und „Kapitalismus Jetzt Instrumentals" abgebildet sind.

Die Cover bringen den Charme und Vibe der 70er Jahre in die Neuzeit, ohne verstaubt zu wirken und geben so der Musik den bildlich mehr als passenden retrofuturistischen Rahmen.

Märtyrer

Mit freundlicher Genehmigung von Essah Media GmbH.

MÄRTYRER

KOOL SAVAS

Jedes Mal, wenn man sich an ein Album macht, ist doch die Frage, was man als Artwork macht, ohne sich zu wiederholen.

— KOOL SAVAS

Zeichnung: Yurderi
Artwork: Eric Ullrich

Auf den ersten Blick bilden das Porträt des kindlichen Kool Savas, der battle-lastige Inhalt des Albums und der Albumtitel „Märtyrer" einen starken Kontrast. Doch hinter dieser Bleistift-Zeichnung steckt eine besondere Geschichte.

1981 wurde Kool Savas Vater infolge seiner politischen Arbeit in der Türkei inhaftiert und saß dort bis 1986 im Gefängnis. In dieser Zeit floh Savas' Mama mit ihm nach Deutschland. Damals gab es wegen der schwierigen Situation nicht viel Kontakt mit dem Vater. Doch diese Zeichnung war eines von drei Geschenken, die Kool Savas aus dem Gefängnis geschickt bekam und bis heute im Gedächtnis behielt. Um das Bild hat der Vater einen Rahmen aus Samsun-Zigarettenschachtel-Schnipseln gebastelt. Schon im Booklet von „Der Beste Tag Meines Lebens" war das zu sehen (Seite 65).

Als Kool Savas Jahre später an seinem Album „Märtyrer" arbeitete, musste er an diese Bleistift-Zeichnung denken. Er betrachtete seinen Vater als eine Art Märtyrer, der sich für seine Sache aufgeopfert hatte. Auf dem Cover wäre eine normale Systemschrift dem Artwork nicht gerecht geworden. Deshalb ließ er nachträglich seinen Vater noch das Wort „Märtyrer" schreiben, scannte es ein und fügte es der Zeichnung hinzu, damit alles aus einer Hand kommt. Ein anderes Cover als dieses kam für ihn nicht in Frage.

Doch eigentlich ist der Vater kein Künstler. Weder vor der Zeit im Gefängnis noch danach hat er wirklich viel gemalt. Aber während er einsaß, bot das Zeichnen neben dem Schreiben eine sehr gute Ablenkung für ihn. Kool Savas betrachtet das Porträt bis heute als ein besonderes Geschenk, das einen Platz auf seinem Artwork verdient hat. Die Familie spielt bei vielen Alben immer wieder eine Rolle. Seine Großeltern und sein Vater tauchten immer wieder in Form von Skits auf den Releases auf. Doch bei „Märtyrer" ist das Persönliche gleich auf dem Cover zu finden.

So verbanden sich die weichen Zeichnung und der harten Titel zu einem Artwork mit viel Tiefgang und einem sehr persönlichen Bezug.

MARTERIA
ZUM GLÜCK IN DIE ZUKUNFT II

Mit freundlicher Genehmigung von Green Berlin.

ZUM GLÜCK IN DIE ZUKUNFT II

MARTERIA

2014

Artwork: zentraleberlin.de
Fotografie: Paul Ripke

ZGIDZ II-Vinyl

ZGIDZ II-Premium Box

Marteria und der Fotograf Paul Ripke reisten gemeinsam durch unzählige Städte und Länder. Dabei entstanden die Coverfotos für „Zum Glück in die Zukunft II", „Track by Trek"-Teaser zu den einzelnen Songs des Albums sowie ein Musikvideo.

Begonnen hat alles 2013 mit einer Viva Con Agua-Reise nach Uganda. Die zwei Freunde trafen mitten im Nirgendwo auf einen Jungen, der mit einer Zwille auf Vögel schoss. Paul Ripke fotografierte ihn, während er für das Bild mit der Schleuder auf die Kamera zielte. Er selbst fand die Aufnahme rein fotografisch gar nicht so gut, aber der Rapper sagte sofort, dass das ein Covermotiv sei. Am Ende wurde es das Artwork der Vinyl-Edition.

Die Zwille ist ein starkes Symbol: Auf der einen Seite hat sie etwas Kindliches und wird als Spielzeug angesehen, auf der anderen Seite handelt es sich um eine Waffe, die andere verletzen kann. Schon allein die Körperhaltung der Kinder strahlt hier Bedrohlichkeit aus.

Bevor die beiden Freunde auf Weltreise gingen, waren die Songs des Albums schon fertig. Sie hatten vor, überall Eindrücke für das Musikvideo zu „Welt der Wunder" zu sammeln." Natürlich lernten sie unterwegs zahlreiche Menschen und Kids kennen, mit denen Marteria auch einmal eine Runde Fußball spielte. Die Kinder fotografierte Paul Ripke in der gleichen Pose wie den Jungen in Uganda. In Chile kamen sie über ihren Chauffeur an einen Motocross-Fahrer, der ihnen einen Jungen vorstellte, der Marteria als Kind extrem ähnlich sah. Er wurde zum Hauptmotiv des Albums. Am Ende kamen so viele Bilder zusammen, dass sie die Qual der Wahl hatten. Sie entschieden sich für die besten und diversesten Bilder.

Insgesamt hat das Album vier Cover: Auf den Covern der Premium-Box und der CD mit Bonustracks und Instrumentals ist jeweils ein anderer Junge mit einer Zwille zu sehen, der auf den Betrachter zielt. Die Artworks lösen alle einzeln etwas in einem aus. In einer Reihe betrachtet, spiegeln sie mit ihren unterschiedlichen Farbwelten der Umgebung die Reise von Marteria und Paul Ripke perfekt wider.

Mit freundlicher Genehmigung von Universal Urban.

RUSSISCH ROULETTE

HAFTBEFEHL

Bis dato war Haftbefehl der asozialste und aggressivste Rapper, nach „Ich nehm dir alles weg" hatte Rap-Deutschland Angst vor diesem Typen. Dabei ist Haftbefehl auch ein sehr interessanter Künstler. Er ist einfach der letzte echte Rockstar!

— CHEHAD ABDALLAH

Design & Konzept: Chehad Abdallah
Fotografie: Robert Wunsch

Schwarz-weiße Porträtfotos sind ein beliebtes Stilmittel im Deutschrap, doch das Cover des Klassikers „Russisch Roulette" ist alles andere als ein typisches Straßenrap-Artwork.

Der Grafikdesigner Chehad Abdallah und Haftbefehl arbeiteten für dieses Album zum ersten, aber nicht zum letzten Mal zusammen. Der Rapper hatte bis dato seine aggressive Seite präsentiert. Dem Grafikdesigner war es wichtig, mit dem vierten Album die kreative, unkonventionelle Facette in den Vordergrund zu stellen. Das gelang ihm mit dem Musikvideo zu „Ihr Hurensöhne/Saudi Arabi Money Rich". Da Chehad Abdallah auch für die meisten der Musikvideos verantwortlich ist, konnte er das komplette visuelle Paket des Albums vereinheitlichen und so die Kunst, die schon immer darin steckte, hervorheben. Straßenrap wurde spätestens ab diesem Album als künstlerische Form anerkannt und fand Platz im Feuilleton. Das Video zu „Saudi Arabi Money Rich" wurde unter anderem an Kunst-Unis besprochen.

Anders als man bei dem Albumtitel annimmt, ist auf dem Cover keine Pistole zu sehen, sondern Haftbefehl präsentiert uns die eine Kugel, die er im Lauf hat. Diese hält er zwischen dem Daumen und dem Zeigefinger und guckt den Betrachtenden eindringlich ein. Es bleibt kein Zweifel an der Ernsthaftigkeit und Dringlichkeit, mit der Haftbefehl sein Ziel verfolgt.

Chehad Abdallah hat sich gefragt, wie eine Schrift aussieht, die sich an der Sprache des Babos orientiert. Dafür hat er einen Font, basierend auf der Schriftart „Zurich Condensed" entworfen. Die Punzen und Querstriche hat er dafür so angepasst, bis es für ihn stimmig wirkte.

Diese spezielle Schrift fand sich in den Musikvideos wieder und gab dem ganzen Album einen zusätzlichen visuellen und einheitlichen Rahmen.

Mit freundlicher Genehmigung der Antilopen Gang.

AVERSION
ANTILOPEN GANG

Ölgemälde: Yvonne Domava
Fotografie: Kay Özdemir
Layout: Tobias Pongratz

Backcover

Innenseite

Die Antilopen Gang besteht aus Danger Dan, Panik Panzer und Koljah. Mit „Aversion" brachten sie ihr erstes Album in dieser Konstellation heraus. Es ist ihrem verstorbenen Bandkollegen Jakob aka NMZS gewidmet, der sich 2013 das Leben nahm.

Die realitätsferne Perfektion des Artworks wirkt in diesem Zusammenhang auf den ersten Blick noch absurder. Wenn man an Rap denkt, fällt einem nicht ein idyllisches Landschaftsgemälde ein, das eine Welt abbildet, in der ein Mädchen mit einem Löwen kuschelt, Pinguine und Schafe miteinander befreundet sind und weitere utopische perfekte Darstellungen im Stile einer Zeugen Jehovas-Broschüre. Doch die Antilopen Gang wählte genau das als Motiv für ihr Album. Irgendwie lösen diese überzeichnete Perfektion und Harmonie auch so etwas wie Ablehnung und Ekel aus, sodass der anfängliche Widerspruch zwischen Albumtitel und Cover hinfällig wird. Auch die Zeile „Dass diese heile Welt wie eine Seifenblase ist, heißt, dass du ausgeschlossen bist oder eingeschlossen wirst" *(Antilopen Gang auf „Der goldene Presslufthammer")* fasst das Gefühl beim Betrachten des Bildes ganz gut zusammen.

Für das Ölgemälde im Format ein auf drei Meter hatte die Künstlerin Yvonne Domava zwei Wochen Zeit. Sie konnte also nur einen groben Entwurf auf Papier anfertigen und malte dann direkt an der Leinwand. Das Front- und das Backcover zeigen die friedliche Welt. Doch wenn man die CD-Hülle aufklappt, wird das Bild gebrochen und man sieht ein brennendes Haus, aus dem drei Leute rennen (Single-Cover von „Beate Zschäpe hört U2"), eine von Pfeilen getroffene Antilope und einen Müllhaufen. Die Malerin bekam vorab gesagt, welche Songs als Singles ausgekoppelt werden sollen, so dass sich teilweise deren Cover oder Anspielungen auf die Texte im gesamten Album-Artwork wiederfinden.

Panik Panzer war zu der Zeit selbst noch Kommunikationsdesign-Student und hat die Texte im Booklet wie auch die Schrift auf dem Cover selbst gesetzt. Die große, harte Frakturschrift dient hier als weiteres Stilmittel, um das perfekte Bild zu brechen und fügt sich wegen der Farbgebung gleichzeitig gut in das Covermotiv ein.

Mit freundlicher Genehmigung von Embassy of Music.

PUBERTÄT

ROCKSTAH

„Der Pausenclown der New School" hat als Jugendlicher eine analoge Kamera geschenkt bekommen. Aus einer Laune heraus fotografierte Rockstah sich damit selbst, lange bevor Selfies ein Thema wurden.

Er fragt sich bis heute, was er sich dabei gedacht hatte und warum er so möchtegern-cool den Mittelfinger in die Kamera hielt. Er erinnert sich noch daran, wie wenig Selbstbewusstsein er als Teenager gehabt habe. Genau diese selbstbewusste Unsicherheit strahlt er auf dem Foto aus. Doch als er an dem Album „Pubertät" arbeitete und alle Songs zusammengefasst betrachtete, wusste er, dass er genau dieses Foto auf das Cover packen muss. Somit beantwortet er zumindest die Frage, warum das Foto überhaupt entstanden sei: offenbar genau für das Album.

Kein Cover könnte die etwas rotzigen und uneitlen Erfahrungen, von denen die Songs handeln, besser zusammenfassen. Aber um den Eindruck der Übergangsphase der Pubertät zu perfektionieren, bauten Freunde in der WG ein Set auf. Dafür tapezierten sie eine Wand mit einer blauen Sternentapete, die das Kindliche verkörperte. Darüber kam eine trashige Mustertapete, die abgerockt aussieht und unter der die Kindheit metaphorisch hervorblitzt. Bis heute fragt sich der Musiker, warum sie wirklich eine Wand in einer Wohnung dafür benutzt haben und nicht einfach eine Pressholzplatte.

Über all dem hängt der 16-/17-jährige Rockstah und strahlt die „Ganzjahres-Grinch"-Antihaltung aus. Die Unschärfe findet sich tatsächlich so auf dem echten Foto, doch die Farbstimmung wurde nachträglich angepasst, um den Retrolook zu verstärken. Selbst der Bilderrahmen unterstreicht die Albumstimmung und könnte als Anspielung auf den Song „Hotel Mama" verstanden werden – auch wenn es nicht so gedacht war.

Rockstah erinnert sich an diverse Gespräche mit seinem Grafiker Felix Wißkirchen und dem Label darüber, ob und wie der Albumtitel auf dem Cover integriert werden solle. Egal ob mit einem Sticker an der Wand, dem Titel in einem Rahmen oder auf die Tapete geschrieben – nichts fühlte sich passend an. Rockstah findet, alles weitere hätte das Artwork und dessen Wirkung zerstört. Deshalb lösten sie dieses Problem mit einem Sticker auf der Folie der CD.

Artwork: Felix Wißkirchen und Jennifer Rakowski
Fotografie: Hilarius Riese

Fatoni & Dexter
yo, Picasso

Mit freundlicher Genehmigung von WSP Entertainment.

YO, PICASSO
FATONI & DEXTER

> *Pablo Picasso war zu der Zeit 19 und in einem persönlichen Umbruch, in meinem Kopf passte das alles gut zur Platte.*
>
> — FATONI

Artwork: Amelie Göppel
Layout: Benjamin Keck

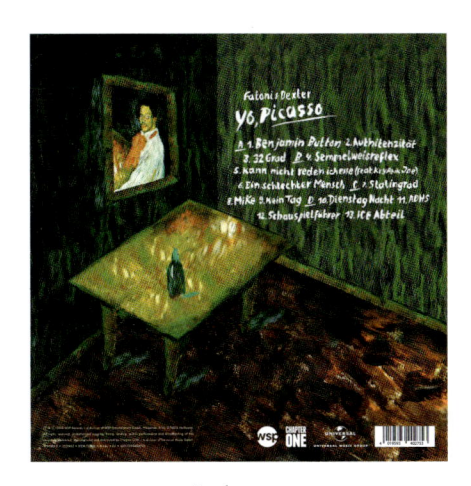

Backcover

Der spanische Künstler Pablo Picasso prägte mit dem Kubismus einen eigenen Stil. Doch bis er diesen fand, porträtierte er sich häufig selbst. Eins seiner ersten Selbstporträts zeigt ihn als 19-Jährigen und trägt den Titel „Yo Picasso" (übersetzt: Ich Picasso).

Als Fatoni auf der Suche nach einem geeigneten Titel für das Album mit Dexter war, ging gerade eine Auflistung der teuersten Bilder von Pablo Picasso durch die Medien. Darunter war auch besagtes Selbstporträt. Der Name „Yo Picasso" klang gut, hatte aufgrund des „Yo" einen – wenn auch ungewollten – Hip Hop-Bezug und klärte auch gleich die Frage nach einem passenden Cover. Wenn man das Album nach einem berühmten Gemälde benennt, warum dann nicht auch ein Artwork in diesem Stil gestalten?

Dexters Schwester, Amelie Göppel, ist Illustratorin, Malerin und Grafikerin und erhielt den Auftrag für das Cover. Da sich bei den ersten analogen Versuchen zeigte, dass es doch nicht so einfach war, Picassos Stil auf Leinwand zu adaptieren, wechselte sie an den Computer. Dort stempelte sie Klick für Klick Details und Farben aus dem Gemälde und den Fotos von Fatoni und Dexter zusammen. Damit die Ähnlichkeit zur Vorlage erhalten bleibt, bekamen der Rapper und der Produzent ebenfalls schwarze Haare verpasst.

Beide Musiker sind definitiv klar erkennbar und trotzdem ist auch die Ähnlichkeit mit dem Original sofort sichtbar. Fatoni und Dexter tragen wie Picasso weiße Hemden und orangefarbene Halstücher und der grün-schwarze Hintergrund stimmt perfekt mit der Vorlage überein.

Auf dem Back-Cover ist ein Stillleben zu sehen, das Amelie Göppel mit Acrylfarben gemalt und später am Computer verfeinert hat. Im hier dargestellten Raum ist auch das originale Gemälde abgebildet. Selbst den Albumtitel „Yo, Picasso" schrieb die Grafikerin mit der Hand und empfand ihn Picassos Unterschrift nach. Insgesamt ergibt sich so ein stimmiges Artwork.

Mit freundlicher Genehmigung von Lichtgang.

GRAPE TAPE
LGOONY

Über das MZEE-Forum sind schon viele Kontakte entstanden und gepflegt worden. Auch im Jahr 2014 connectet das Forum verschiedene Leute deutschlandweit. Dort wurde beispielsweise der Karikaturist Graphizzle Novizzle auf die Musik von LGoony aufmerksam. Das Cover verewigt diese Verbindung in Form eines MZEE-Stickers auf dem abgebildeten PC-Tower.

14 Jahre nach der Veröffentlichung von Azads „Leben" verpasste Graphizzle Novizzle WON ABCs Artwork für „Grape Tape" ein Remake. Soundtechnisch könnten die Alben nicht unterschiedlicher klingen, und auch die einzelnen Details auf dem Artwork unterscheiden sich stark. Beide Cover zeigen Dinge, die den jeweiligen Künstler und den Inhalt der Musik widerspiegeln. Der Name „Grape Tape" diktierte hier schon die Farbgebung

Mit der Zeile „Ihr betrügt die eigenen Fans mit Gimmicks, die man irgendwann wegwirft" *(LGoony auf „Ultraviolett")* macht der Rapper deutlich, kein Fan des aktuellen Deutschrap-Business' zu sein. Stellvertretend dafür geht deshalb vorne rechts im Bild eine überteuerte Fanbox samt Motivationsarmband und einem zerknüllten T-Shirt in Flammen auf. Im Zentrum thront LGoony selbst, mit einem Designertuch auf dem Kopf und einem fetten Diamanten an einer Kette um den Hals. Die Kulisse bildet seine Heimatstadt Köln. Das Artwork greift Klischees stilistisch auf und bestätigt sie teilweise.

Doch auch Referenzen zu seiner Inspiration sind LGoony schon immer wichtig. Deshalb nennt er in seinen Songs nicht nur diverse Rapper, sondern verewigt seine drei größten musikalischen Einflüsse, Gucci Mane, Young Thug und Lil B, direkt auf dem Cover. Auch das typische LGoony-Space-Thema spielt bei der Gestaltung des Himmels und einzelnen Elementen eine wiedererkennbare Rolle. Insgesamt liefert das Artwork so viele Querverweise auf das Zeitgeschehen im Hip Hop, dass es einen großen, spannenden Interpretationsspielraum bietet.

Wenn ein Album ein passendes und gutes Cover hat, dann gibt es der Musik nochmal eine gewisse Hochwertigkeit.

– LGOONY

Artwork: Graphizzle Novizzle

Mit freundlicher Genehmigung von Chimperator, Danny Schuster und Nico Wöhrle.

WHAT'S GOES?
DIE ORSONS

> Das Shooting war auf jeden Fall eine herrliche Sauerei.
>
> — DANNY SCHUSTER

Fotografie: Nico Wöhrle
Layout: Danny Schuster

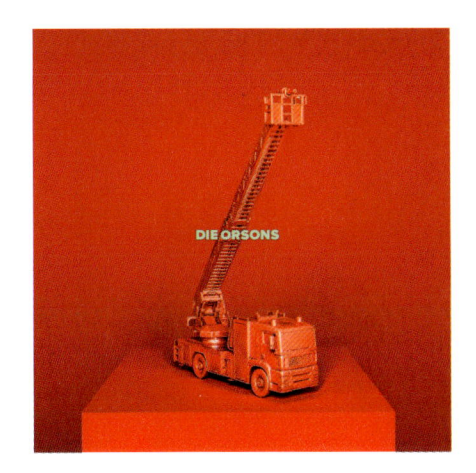

Vinyl-Cover

Die Orsons bestehen aus Maeckes, KAAS, Bartek und Tua. Zu dieser Band gehören Kontraste wie die Trennungsgerüchte nach jedem Album. Nicht nur innerhalb ihrer Musik spielt das eine Rolle, sondern auch in ihrem visuellen Erscheinungsbild. So bilden die Komplementärfarben Rot und Grün den Rahmen für das „What's Goes?"-Album, die Farben spiegeln sich in den Musikvideos, in Liveshows, in den Outfits der Bandmitglieder und dem Cover wider. Maeckes hat für das Erscheinungsbild oft die zündende Idee und Vision. Das Wort „zündend" ist in diesem Fall wortwörtlich zu verstehen.

Das brennende Feuerwehrauto symbolisiert den „What's Goes?"-Moment und das Thema Scheitern, denn ein solches Fahrzeug steht normalerweise für Rettung und Sicherheit. Dass es selbst brennt erscheint zunächst irritierend, da es sich nicht dazu eignet, sich selbst zu löschen. Die Band, ihr Fotograf Nico Wöhrle und der Grafiker Danny Schuster waren beim Cover-Shooting sehr optimistisch. Sie hatten genau ein rotes Feuerwehrauto zum Abfackeln und somit genau einen Versuch, die Aufnahme für ihr Cover im selbstgebauten roten Raum in den Kasten zu bekommen.

Wie viel Sauerei ein Feuerlöscher macht, hat das Team erst am Ende gemerkt. Der Staub legte sich auf wirklich alles, das Shooting endete in einer großen Putzaktion. Doch zum Schluss gab es nicht nur ein perfektes Cover-Foto, sondern gleich vier, jeweils aus unterschiedlichen Brennphasen des Feuerwehrautos. So erhielten die Vinyl, die CD und die iTunes-Version verschiedene Covermotive. Lediglich die Glücksbox bildet zwei Fotos des abgebrannten und gelöschten Feuerwehrautos ab. Trotz der unterschiedlichen Cover ist sofort erkennbar, dass es sich um ein Album handelt. Auch die ausgekoppelten Singles lassen sich aufgrund der rot-grünen Cover klar dem Album zuzuordnen.

Im Laufe des Albumprozesses sahen sich Die Orsons selbst als ein Käfer, der auf dem Rücken liegt, von alleine nicht mehr auf die Beine kommt, aber noch voll motiviert ist. Doch dieses Bild funktionierte nicht als Cover-Motiv, das brennende Feuerwehrauto dafür umso besser.

Mit freundlicher Genehmigung von Credibil und Mikis Fontagnier.

RENÆSSANCE

CREDIBIL

Kunst, die von außen nicht als Kunst deklariert ist, wird meist nicht als diese angesehen und wertgeschätzt. Aber alles, das in einem Rahmen steckt, ist auch für Laien als Kunst erkennbar. Auch deshalb ist auf dem Cover zum Album „Renæssance" der goldene Rahmen um den Menschen gelegt.

Der Rapper hat eine Vision für die Kunstfigur „Credibil". Sie soll eine Superheldenaura haben, tief blicken lassen, ohne zu viel zu erzählen, die Welt beobachten und widerspiegeln. In der engen Zusammenarbeit zwischen dem Rapper und dem Art Director Mikis Fontagnier flossen Erfahrung und Neugier zusammen, auf musikalischer wie visueller Ebene. Mikis war von Anfang an am Entstehungsprozess des Albums beteiligt und bekam so alles mit. Das wirkte sich nicht nur positiv auf das Cover, sondern auch auf die dazugehörigen Musikvideos aus.

Der Begriff der Renaissance beschreibt eine Zeit des Umbruchs und bedeutet Wiedergeburt. Sich selbst oder sein Debütalbum so bezeichnen, zeugt schon von einem Selbstverständnis, das sich nicht so leicht umhauen lässt. Das Album nimmt mit seinem Titel und der bekannten Abbildung des vitruvianischen Menschen Bezug auf Leonardo da Vinci. In der Originalzeichnung ist der Mann von einem Kreis und einem Quadrat umgeben, die er jeweils mit Händen und Füßen berührt. Auf dem Album-Cover wird sich darauf bezogen, doch die Details sind anders und bekommen so eine eigene Bedeutung. Die Album-Zeichnung ist im bekannten Credibil-Logo platziert, das aus einem Kreis und einem rechts geöffneten Dreieck besteht. Durch diese Unterbrechung ist ein „C" erkennbar. Eine weitere Abweichung vom Original: Der Mensch ist kopflos und hat zwei Arme mehr. Die zusätzlichen Gliedmaßen stehen sinnbildlich für die vielen Möglichkeiten, die ein Mensch heute hat und gleichzeitig für die Leistungsgesellschaft, in der wir leben. Also: mehr arbeiten ohne nachzudenken. Die Texte hingegen sind sehr kopflastig, durchdacht und voller Inhalt. Die Musik liefert den Kopf und die Gedanken zum Cover.

Das Zitat „Das Schöne, das sterblich ist, vergeht, aber nicht das Kunstwerk" steht um den goldenen Rahmen geschrieben. So verweist selbst das kleinste Detail auf da Vinci und wirkt gleichzeitig wie maßgeschneidert für das Albumkonzept.

> *Ob es am Ende die Renaissance für einen selbst, für die Szene oder für Musik an sich ist, ist jedem selbst überlassen.*
>
> – MIKIS FONTAGNIER

Artwork: Mikis Fontagnier und mographics

WEEKEND
MUSIK FÜR DIE DIE NICHT SO GERNE DENKEN

Mit freundlicher Genehmigung von Chimperator.

MUSIK FÜR DIE DIE NICHT SO GERNE DENKEN

WEEKEND

Auch wenn du satirisch eine nackte Frau aufs Cover packst, hast du trotzdem einfach eine nackte Frau auf dem Cover.

— WEEKEND

Mit zwei Dingen sichert man sich Aufmerksamkeit: Brüste und Tierbabys. Der Rapper Weekend und sein Fotograf Jonas Kaltenkirchen kombinierten genau diese beiden Hingucker für „Musik für die die nicht so gerne denken." Obwohl er 2013 noch rappte, „Katzenbabys sind nicht süß, die sind unnütz", *(Weekend auf „Schatz, du Arschloch!")* sind diese aber offenbar nützlich für das Cover. Witzigerweise dachte niemand im Team im Entstehungsprozess an diese alte Zeile.

Auf den ersten Blick wirkt es wie eine billige Provokation. In Kombination mit dem Titel des Albums geht das Konzept jedoch auf. Nicht nur im Deutschrap dienen leicht bekleidete Frauen oft als Mittel, um die Blicke auf sich zu ziehen oder auf eine bestimmte Sachen zu lenken. Wirklich groß nachdenken muss dabei niemand, und Tierbabys verniedlichen einfach alles! Auch in den Weiten des Internets sorgen Videos mit süßen Tieren für eine willkommene Ablenkung. Die Frau, die auf dem Cover ihre Brüste in die Kamera hält, fand der Fotograf und Retouchierer Jonas Kaltenkirchen in einem Forum für Amateur-Aktfotografie. Weekend erzählte, ihm sei erst während des Shootings bewusst geworden, dass sie einer Frau Geld gegeben haben, damit sie sich auszieht. Somit verlief der Prozess des Covershootings nicht so satirisch, wie die Idee für das Artwork eigentlich gedacht war. Obwohl das Model an einer Katzenhaarallergie litt, willigte es ein, mit den Kitten zu posieren. Die jedoch zerkratzten ihr die Haut, die natürlich danach gerötet und angeschwollen war. Das brachte neben Schmerzen für die Dame eine Menge Photoshop-Arbeit mit sich. Die Katzenwelpen gehörten einem Fan von Weekend. Die Frau hatte sich auf einen entsprechenden Aufruf von ihm gemeldet, so wurden ihre Katzen ein essentieller Teil des Covers und tauchen auch im Musikvideo zu „Go Lemming" auf. Da sich Kitten jedoch nicht so einfach kontrollieren lassen, erwies es sich als unmöglich, den Blick beider Tiere auf die Kamera zu lenken. Eine Montage aus mehreren verschiedenen Fotos löste dieses Problem. Was zuerst nach billiger Masche aussieht, zeigt am Ende, wie einfach der Rapper sich das Wissen über die Gesellschaft zunutze machen konnte.

Artwork: Jonas Kaltenkirchen

Mit freundlicher Genehmigung von MOFO Airlines.

DER EISERNE BESEN 2
MORLOCKK DILEMMA

Das Cover schickt den Betrachter auf eine Zeitreise: Es fühlt sich so an, als sehe man ein Filmplakat direkt aus den 70ern. Wie schon beim Artwork zu „Kapitalismus Jetzt" (Seite 103) war diese Assoziation genau so gewollt. Ob Morlockk Dilemma in der Story des Albums der Bösewicht oder der Gute ist, lässt das Cover nicht klar erkennen. Doch das muss es auch nicht. Egal, auf welcher Seite er steht, sein Team ist bereit und vor ihm versammelt.

Der Grafiker Timo Schlosser (Ink-a-zoid/Bureau Omega) hatte eine luxuriöse Arbeitssituation bei der Covergestaltung. Alle Musikvideos waren zu diesem Zeitpunkt bereits abgedreht. Somit konnte er die originalen Szenen und Charaktere als Vorlage zu einer Collage zusammenfügen und diese für seine detailreiche Cover-Illustration nutzen. Die fängt die Stimmung des Albums wie bei einem Film ein. Die Darsteller aus diesen Musikvideos finden sich auch auf dem Albumcover wieder. Die beiden Frauen im Vordergrund mit den Baskenmützen sowie Morlockk Dilemma mit Totenschädelmaske und pelzbesetzter Lederjacke entspringen dem Video zu „Ehrenkodex". Auch die beiden Autos ähneln denen aus dem Video sehr. Die Frau in Unterwäsche mit der Augenmaske ist im Video zu „Bärenfell" zu sehen.

Die gehörnte Figur taucht schon auf dem Vorgängeralbum „Der Eiserne Besen" auf. Fegte die Figur dort noch mit zwei Besen durchs Bild, so steckt sie hier mit Laserblicken die Welt in Brand.

Da das maskierte Producer-Alter Ego Morlockko Plus der Hauptproduzent des Albums ist, gehört er laut dem Rapper auch aufs Cover. Er ist rechts oben außerhalb der Szenerie abgebildet, so als liefere er tatsächlich den Soundtrack zum Geschehen. Ein Album von Morlockk Dilemma ist wie ein Film in Musikform und erzählt Geschichten voller Punchlines und Reimketten auf so hohem Niveau, dass dem ganzen Wahnsinn nur ein Cover in Filmplakat-Optik gerecht werden kann. Das hat Bureau Omega geschafft.

Auf dem Cover finden sich Szenen und Personen aus den Musikvideos wieder.
— BUREAU OMEGA

Artwork: Bureau Omega

„IT WAS ALL A DREAM"

TEXT VON LENA MÜLLER, JOURNALISTIN

Faschingskostüme, verschmierte Münder und Dreiräder. Sie verstecken sich zuhauf auf den verstaubten Dachböden vieler Eltern: unsere Kinderfotos. Ja, auch dein liebster Rapper war nicht immer so hart, wie es scheint. Auch von ihm existieren zuckersüße Fotos als kleiner Fratz und die finden ihren Weg nicht selten auf spätere Albumcover.

Kinderfotos auf Covern haben mittlerweile Tradition. Sie vermitteln Leichtigkeit, Sympathie und Lebensfreude. Für die früheren Kids sind die Schnappschüsse meist eine schöne Erinnerung, die jedoch oft mit Scham verbunden ist. Genau diese Attribute nutzen die Künstler zu gern für sich: Mit Kinderbildern offenbaren sie etwas sehr Persönliches, ohne zu viel zu verraten. Die Fotos lassen sie nahbarer wirken – wie einen von uns.

Vor diesem Hintergrund erscheint es ironisch, dass sich vor allem im Rap immer wieder Kinder auf Albumcovern finden, schließlich dreht es sich in den Texten oft um eine harte Kindheit, den Hustle auf der Straße und Gangster-Geschichten. Doch mit den Fotos kann aufgezeigt werden, was aus dem einstigen Kind wurde. Außerdem können sie den Werdegang vom unschuldigen Knirps zum späteren Straßen-Ich nachzeichnen und den zugehörigen Kontrast abbilden.

Eines der wohl bekanntesten Hip Hop-Cover mit einem Kinderbild ist das 1994 erschienene „Ready to Die" von The Notorious B.I.G. Auch wenn das Model in keinem persönlichen Verhältnis zu Biggie stand, hallt der Effekt nach: Das Kind auf dem Cover verkörpert den direkten Kontrast zum Albumtitel.

Doch auch in der deutschen HipHop-Kultur gibt es diverse Artworks, auf denen Kinder zu finden sind. So zeigte Alpa Gun auf dem Cover zu seinem Album „Zurück zur Straße" einen kleinen Jungen, der in einem löchrigen, dreckigen Shirt mit einer Waffe frontal auf den Betrachter zielt. Im Hintergrund: großstädtische Wolkenkratzer bei Nacht. Entgegen der Annahme, dass Kinder auf Hip Hop-Albumcovern den Kontrast zwischen unschuldigem Kind und späteren Straßen-Ich zeigen würden, kehrt Alpa Gun auf diesem Album ganz bewusst zurück zu seinen Wurzeln: „Ich war da oben, jetzt geht es zurück zur Straße [...] Ich geh wie ein Gangster wieder zurück zur Straße", rappt er auf dem Titeltrack. Das Kind auf dem Cover lässt sich somit vielmehr als eine Hommage an die Vergangenheit und die Wurzeln des Schönebergers verstehen, zu denen er zurückkehrt – und damit gewissermaßen zu seiner Kindheit. Welches Cover-Motiv hätte also besser passen können? Eines der wohl einprägsamsten Cover ziert Tarek K.I.Zs „Golem". Auf dem ersten Soloalbum aus dem K.I.Z-Kosmos ist eine vermeintliche Originalaufnahme des Künstlers zu sehen. In Schwarz-Weiß-Optik schaut das Kind wütend drein. Was es so verärgert hat, bleibt offen. Mit „Golem" wollte Tarek einen Querschnitt seiner Psyche zeigen, dafür habe er alles, das er könne, in dieses Werk gesteckt. Mit Erfolg. Schon beim Hören der ersten Zeilen wird klar, dass diese Songs an die Substanz gehen. Was übrigens typisch für die Figur der jüdischen Literatur und Mystik ist, nach der Tarek sein Album benannt hat: Ein Golem nährt sich aus Träumen und Traumata seines Herrn und ist er stark genug, wendet er sich meist gegen ihn. Aber zurück zum Kinderfoto! Tarek begründet seine Auswahl damit, dass dieses Bild gut zum Gleichnis zwischen Musikkarriere und der Figur des Golem passe. In jedem Fall hat er auf dem Album tief blicken lassen – in sein Leben und seine Psyche. Er hat Persönliches von sich verraten und auch wenn wir dadurch das Gefühl haben, das Kind auf dem Cover besser zu kennen, hat es uns keineswegs zu viel offenbart. Estikay bediente sich bei seinem Album „Blueberry Boyz" einer Erweiterung des Kinderfotos. Er ließ sich in lässiger Gang-Manier mit seinem kleinen Sohn vor einem szenigen Kiosk im Hamburger Schanzenviertel ablichten. Wer die vorherigen Tracks aufmerksam gehört hat, weiß bereits, wer die Blueberry Boyz sind: die Gang, die Bros, die Fam ... sucht euch etwas aus. Die Vermutung, dass Estikays Sohn stellvertretend für die gesamte Fam steht, drängt sich bei der Betrachtung von Titel und Cover unweigerlich auf.

Wer an Kinder auf HipHop-Albumcovern denkt, darf „Zum Glück in die Zukunft II" (Seite 107) von Marteria nicht außer Acht lassen. Gleich drei Kinder auf drei unterschiedlichen Covern stehen für dasselbe Album. Die Standard-Version ziert ein chilenischer Junge, die Vinylversion zeigt einen afrikanischen Jungen und die Deluxe-Edition reist mit uns nach Asien. Alle drei halten eine Zwille in der Hand, mit der sie auf den Betrachter zielen. Das Album ist während Materias Weltreise entstanden, deshalb repräsentiert jedes Land einen unterschiedlichen Song und jedes Cover eine andere Station seiner Reise. Zwar widmet sich der Rapper auf diesem Album nicht ausschließlich leichten Themen, doch beschreibt er den roten Faden der Platte selbst so: „Hauptthema: Revolution und Rebellion" – und das hat ja auch etwas Kindliches. Oder etwa nicht? Die Liste an Kinderfotos auf Deutschrap-Albumcovern ließe sich endlos weiterführen. Eins haben sie alle gemeinsam: Jedes ist auf seine Weise ein einzigartiger Ausdruck der Persönlichkeit, eine Mischung aus Nostalgie und dem Versuch, eine Antwort zu finden. Die Frage: Was hat mich zu dem gemacht, das ich heute bin? Was auch immer es ist, lasst uns bitte weiterhin daran teilhaben!

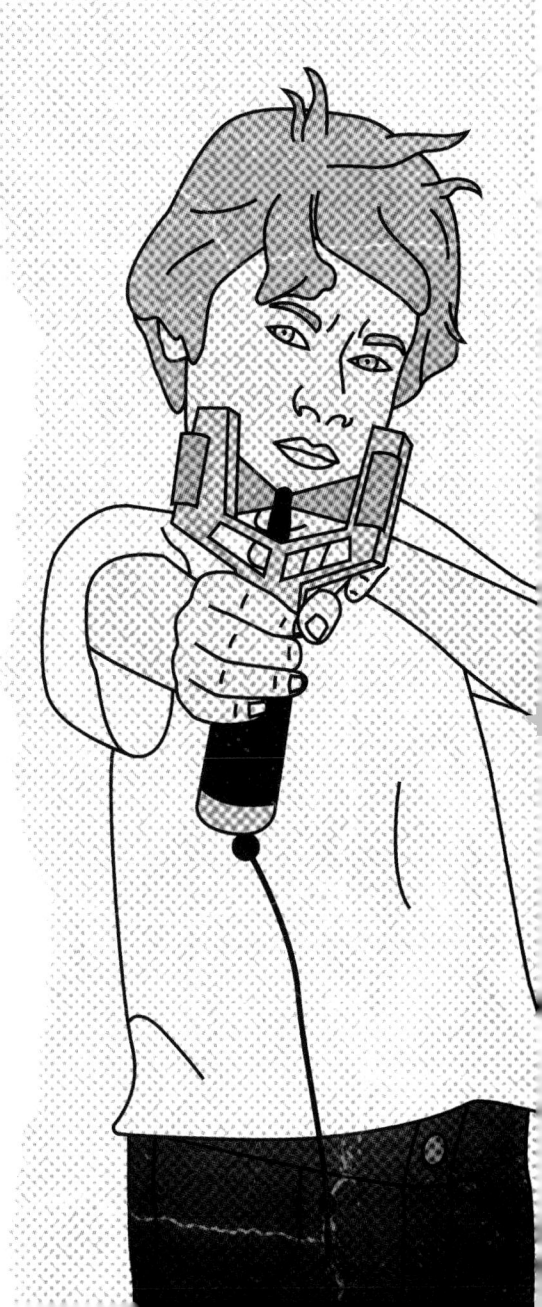

2016–2020

Mit freundlicher Genehmigung von Normale Musik.

HALLELUJA

AUDIO88 & YASSIN

> *Manches sollte einfach nur witzig sein, wie zum Beispiel Breaque der auf diesem Flugsaurier fliegt.*
>
> – YASSIN

Die architektonische Hochzeit hatten Kirchenfenster in der Gotik-Epoche. Audio88 & Yassin interpretieren die kunstvollen Verglasungen auf ihrem Album-Cover zu „Halleluja" auf ihre zynische Art und Weise.

Während Yassin mit Duckface ein Selfie von sich schießt, hält Audio88 mit großer Geste die Bibel in der Hand. Der Grafiker Timo Schlosser alias Bureau Omega bekam als Illustrationsgrundlage diverse Fotos aus dem Shooting mit Robert Winter, die auch im Albumbooklet zu sehen sind. Links unten das Herrengedeck symbolisiert die Alben „Zwei Herrengedeck, bitte" (2009) und „Nochmal zwei Herrengedeck, bitte" (2010), der Papagei links oben steht für das Album „Normaler Samt" (2015). Der Affe und der Dinosaurier bilden die Evolutionstheorie ab, die im direkten Kontrast zur kirchlichen Sicht der Dinge steht und das Alien verkörpert die Überspitzung davon. Da sich Audio88, Yassin und DJ Breaque als eine Band verstehen, ist Breaque mit auf dem Cover zu sehen und überblickt vom Flugsaurier aus alles. Auch der wohlverdiente Geldsegen darf natürlich nicht fehlen. Mit der Zeile „Was zahlst du eigentlich dem Typ, der dir ins Artwork kackt?" *(Yassin auf „Beat Konducta Brandenburg")* wird noch einmal deutlich, dass Artworks für die Band nicht nur ein nötiges Übel sind.

Die Idee zur Kirchenthematik kam mit dem Beat zum Titeltrack „Halleluja", dieser gab aufgrund des „Jesus is just alright"-Samples das Thema klar vor. Als der Track stand, folgten die Ideen für das Video, das Artwork und das Bühnenbild wie von selbst. Für das Cover-Shooting und den „Halleluja"-Videodreh liehen Audio88 & Yassin sich echte geweihte Kleider im Fundus in Babelsberg aus. Da der Look im Vordergrund stand, ist die Kombination der einzelnen Kleidungsstücke völlig willkürlich. Auch bei Auftritten und dem alljährlichen Weihnachtskonzert „Die Normale Weihnachtsmesse" stehen die Rapper Audio88 & Yassin mit nachgeschneiderten Kostümen auf der Bühne.

Trotz der kritischen Haltung gegenüber der Kirche gab es wenig negative Stimmen zum Artwork oder Album. Im Gegenteil: Religionslehrer haben den Song „Halleluja" als Diskussionsgrundlage für den Unterricht verwendet. Ein Jahr später kopierten Green Day die Idee und Teile der Farbwelt mit ihrem Album „Greatest Hits: God's Favorite Band".

Artwork: Bureau Omega

Mit freundlicher Genehmigung von Plusmacher und Alles oder Nix Records.

DIE ERNTE
PLUSMACHER

Fotografie: André Force
Layout: Slider.Tastefly Graphics

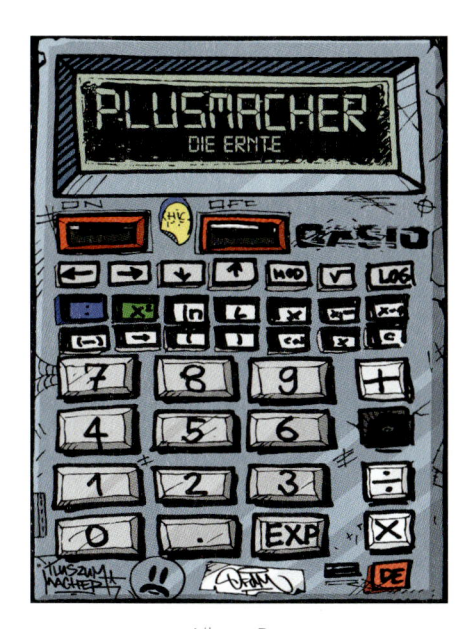

Album-Box

Der Macher mit dem Plus ist da und erntet mit seinem dritten Album, was er bis dato gesät hat. Auf dem Coverfoto nimmt Plusmacher die gleiche Pose ein wie beim Vorgänger „FSW/Freieschwarzmarktwirtschaft" – doch dieses Mal, ohne seine Mittelfinger zum Plus zu kreuzen. Dieses Motiv trägt er als Tattoo auf seinem Hals und es wurde zum Plusmacher-Logo.

Der arrogante Blick von oben herab ist der gleiche geblieben. Dieses Mal rückt sein Markenzeichen, die „Popelbremse", in den Fokus des Covers. Für das Fotoshooting fuhr der Rapper wieder zurück in seine Heimatstadt Magdeburg, an den Hasselbachplatz. Dort hat er sich im Fotostudio von André Force fotografieren lassen. Plusmacher erinnert sich, dass das finale Bild schnell im Kasten war und er direkt wusste, dass das das Coverfoto wird.

Statt Kush wird hier symbolisch der Schnurrbart mit der goldenen Schere geerntet. Auch zu Beginn des Musikvideos zu „Taschenrechner" kommt die Schere zum Einsatz. Es wirkt so, als seien der Rapper und seine Songs die edle, ertragreiche Pflanze, und er hole sich jetzt das, was er sich verdient hat. Die Hand der Frau verleiht dem ganzen Bild eine edle Ästhetik und schwächt die harte Wirkung, die der Blick des Rappers entstehen lässt. Der grüne Hintergrund unterstreicht die Kush-Thematik auf eine unaufdringliche Art und Weise, während im Booklet auf jeder zweite Seite eine Pflanze abgebildet wird.

Das Artwork wie auch die limitierte Box gestaltete Grafiker und Graffiti-Artist Slider. Die Box im Taschenrechner-Design ist gezeichnet und wirkt fast comicartig. Diese Optik spielt auf den „Taschenrechner"-Track an. Gleichzeitig nimmt die Box mit der Gestaltung Bezug zum Albumtitel, denn ohne einen Taschenrechner lassen sich die Ernte und der Gewinn schwerer berechnen.

Unten auf der Box wie wie auch auf der CD ist ein Plusmacher-Smiley abgebildet, bei dem der Fokus ebenfalls auf dem Schnurrbart als Markenzeichen liegt. So ergänzen sich alle kleinen Details gegenseitig zu einem rundum stimmigen Album-Artwork.

Mit freundlicher Genehmigung von 385idéal.

MAKADAM
OLEXESH

„Makadam" beschreibt eine bestimmte Straßenbauweise, und die Musik auf dem Album dient als Metapher für Olexeshs selbstgebaute Straße, die ihn in eine bessere Zukunft führt. Auch deshalb ist die Straße auf dem Cover so präsent. Die Plattenbauten im Hintergrund passen zu dieser Aufbruchsstimmung.

Das Coverbild setzt sich aus zwei Fotos zusammen: einerseits eine Aufnahme von Olexeshs Mutter mit ihm im Kinderwagen und andererseits ein Foto von der Entstehung des Stadtteils Darmstadt-Kranichstein – auf dem Originalfoto ist tatsächlich auch eine Frau mit einem Kinderwagen zu sehen. Letztgenanntes Bild hat der Fotograf Nils Jockel gemacht, von dem sich der Rapper und der Grafiker Adal Giorgis von 1TAKE die Erlaubnis für die Verwendung als Cover einholten. Olexesh nutzte das Foto sogar lange als Whatsapp-Profilbild.

Die Gegend prägte Olexesh sehr, hier startete seine Rapkarriere. Auch der Grafiker kommt aus Kranichstein. Man sieht auf dem Foto sogar den Block, in dem er aufgewachsen ist. Somit hatten die beiden direkt eine gute Connection.

Adal verstand den Vibe der Gegend, den der Rapper einfangen wollte. Da das Album so persönlich ist, sollte dieser Bezug auf dem Cover deutlich zu sehen sein.

Olexeshs Mutter unterstützt seine Musikkarriere sehr und hat ebenfalls eine künstlerische Ader. Deshalb begriff sie die Vision und suchte Fotos sowie Filmmaterial aus seiner Kindheit heraus. Die Videos sind in der Dokumentation zum Album verbaut, da die ganze Promophase aus dem Leben des Rappers erzählt.

Die Fotos im Album-Booklet passen zum Kranichstein-Konzept und sind an den Orten von Olexeshs Jugend entstanden. Für das Backcover hatte Adal Giorgis noch eine spezielle Idee: Die Songtitel sind alle auf Klingelschildern platziert und ergänzen so die Block-Thematik sehr gut. Künstlername und Albumtitel fanden außerhalb des Bildes am Rand Platz, um die Wirkung des Fotos nicht zu zerstören und dieser mehr Raum zu lassen. Die drei Sterne rechts oben stehen symbolisch für die Alben, die Olexesh bis dato release hatte und die seine Bausubstanz für die Straße zum Erfolg bilden. Also sein Makadam.

Artwork: Adal Giorgis/1TAKE

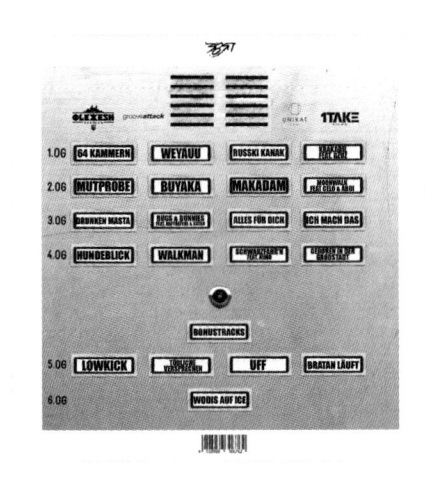

Backcover

Mit freundlicher Genehmigung von Alles oder Nix Records.

0,9
SSIO

Bei dem Cover handelt es sich um eine verspielte Fortsetzung des Vorgängeralbums „BB.U.M.SS.N". Darauf sah man eine Faust mit einem Daumen zwischen Zeigefinger und Mittelfinger, die durch einen Hosenschlitz geschoben wurde. Auf den Fingerknöcheln stand „SSIO".

Auf „0,9" steht das gleiche Motiv im Zentrum. Nur sieht man hier die Szene aus einer viel weiteren Entfernung und bekommt so mehr von der Welt rund um den Rapper mit.

Der „einzige Mann mit lockigem Brusthaar" stolziert breitbeinig, selbstbewusst, mit Goldkette und offenem Hemd provokant durch den Kiez. Dabei hält er eine leicht bekleidete rothaarige Frau im Arm, die im Musikvideo zu „Nullkommaneun" auch zu sehen ist.

Nachdem Xatar den Kontakt zum Grafiker Adopekid hergestellt hatte, unterhielten sich SSIO und er kurz über das Artwork. Ab dem Zeitpunkt hatte der Grafiker relativ freie Hand – einzig ein Comic-Cover von „The Mask" galt als Vorlage. Adopekid erstellte eine digitale Skizze und stimmte diese Schritt für Schritt mit dem Rapper ab, bevor er sich ans Colorieren machte. Der Grafiker erinnert sich daran, dass es trotz der ganzen Details richtig schnell ging, das Artwork zu entwickeln. Auch das Bühnenbild für die Tour entstand im gleichen Zeitraum. Eine spezielle Fotovorlage von SSIO hatte Adopekid nicht, sondern er orientierte sich an bereits existierenden Aufnahmen des Rappers, um ihn zu illustrieren.

Mit dem „Bonn17"-Bordellschild und der Szene links oben im Fenster verweist das Cover zum einen auf SSIOs Heimatstadt, zum anderen auf das Thema Prostitution. Auch der Anbau und der Verkauf von Cannabis sind an mehreren Stellen dargestellt. Hinter SSIO klettert zudem jemand aus dem aus dem Kanal. Er scheint aus dem Knast entflohen zu sein. Die rote Box rechts im Bild ist eine Anspielung auf die Hook des Tracks „Big King XXL".

SSIOs Welt ist dreckig, aber ihm vertraut. Das Cover spiegelt genau den Kontrast zwischen Wortwitz, Party, Humor und krummen Geschäften wider. Die gewölbte Fish-Eye-Optik sorgt zusätzlich für eine Dynamik im Bild und fängt die Straßenticker-Atmosphäre im Rotlichtmilieu auf eine humorvolle und kreative Art und Weise ein. Somit setzt das Cover SSIOs Parts visuell um.

Artwork: Adopekid

GOTTKOMPLEX

Mit freundlicher Genehmigung von Auf!Keinen!Fall!/ChapterONE.

GOTTKOMPLEX

3PLUSSS

Ich hatte einfach genug von dem Beanie-Look und dieser Surferboy-Frisur.

– 3PLUSSS

Artwork: Lukas Richter

Grauer Marmor, eine eigene Statue mit abgetrenntem Kopf in Kombination mit dem Titel „Gottkomplex": Auf den ersten Blick wirkt all das einfach nur großspurig. Doch das Cover ist mehr als durchdacht.

Der Rapper 3Plusss heißt bürgerlich Denis. Aus einer Laune heraus suchte er bei Google nach der Bedeutung und den Ursprung seines Namens. Dabei stieß er auf die Sage des Heiligen Dionysos. Dieser war um 250 n. Chr. Bischof von Paris. In dieser Zeit gab es vor Ort eine Christenverfolgung, in deren Verlauf der Geistliche auf dem Montmartre enthauptet wurde. Der Sage nach hat der Heilige Dionysos seinen abgetrennten Kopf zwei Meilen weit getragen, wusch ihn an einer Quelle und legte sich dann dorthin, wo er begraben werden wollte. Ihm zu Ehren steht deshalb eine Statue in Saint-Denis nördlich von Paris. Ursprünglich sollte das Album auch „Saint-Denis" heißen, doch „Gottkomplex" gefiel am Ende einfach allen Beteiligten besser. Der abgetrennte Kopf mit dem hochgezogenen Mundwinkel symbolisiert für den Rapper einen Neuanfang. Im Entstehungsprozess des Albums hat er sich selbst und sein Team gefunden, mit dem sich alles richtig anfühlte. Die geschlossenen Augen wirken im Gesamtbild fast schon friedlich.

Als 3Plusss die Cover-Idee mit dem Fotografen und Grafiker Lukas Richter teilte, gab es ein unkompliziertes Shooting vor einer weißen Wand. Dafür wurde einmal sein Oberkörper fotografiert und dann ein Portrait von ihm geschossen, damit die Perspektiven stimmen. Die Position der Hände wurde mithilfe eines Fußballs festgehalten und am Ende alles in Photoshop zusammengefügt, Strukturen herausgesucht und in die Statuen-Optik gebracht.

Eine Sache lockert das harte Artwork auf: die Taube auf seiner Schulter. Diese Tiere spielen nicht nur in einigen 3Plusss-Tracks eine Rolle, sondern eine ist auch Bestandteil des Covers. Eine Taube kennt keinen Wert, weder emotional noch materiell gesehen. Der Rapper selbst sagt es so „Man hat das Cover nie ohne Taube gesehen, das ist vielleicht die Unbeständigkeit der Sache." Die Tatsache, dass Statuen eigentlich keine feine Haarstruktur haben, ist am Ende nur ein kleines Manko.

Mit freundlicher Genehmigung von Universal Music Group.

REGENMACHER

MEGALOH

Nach dem erdigen Cover von „Endlich unendlich" (Seite 101) widmete sich Megaloh mit diesem Album dem Element des Wassers.

Zusammen mit Viva Con Agua reiste der Rapper nach Afrika. Tracks und Titel seines neuen Albums standen zu diesem Zeitpunkt bereits. Von der Reise kehrte er mit einer Vision zurück, die er mit dem Fotografen Robert Winter sowie den Grafikern Tobias Honert und Jan Wirth von der zentrale teilte. Unterwegs hat Megaloh gesehen, wie ausgehöhlte Flaschenkürbisse als Aufbewahrung und Transportmöglichkeit für Wasser genutzt werden. Der Flaschenkürbis – auch Kalebasse genannt – muss dafür ausgereift, ausgehöhlt und luftgetrocknet sein. Oft wird das Gefäß dann mit Schnitzereien und Malereien verziert.

Der Fotograf versuchte, solche Kalebassen aufzutreiben. Er fand nur einen Importeur in ganz Deutschland, dem er seinen kompletten Bestand abkaufte. Dann begann erst die anstrengende Arbeit: Robert Winter, Tobias Honert und Jan Wirth bereiteten in der Nacht vor dem Shooting in Teamarbeit 60 Kalebassen vor. Dafür musste jede einzelne aufgesägt, ausgehöhlt und bemalt werden. Alle hatten den Aufwand unterschätzt. Doch am nächsten Tag waren sämtliche Kürbisse fertig für die Fotosession. Um den gewünschten Effekt für das Coverfoto zu erreichen, brauchten sie jedoch mehr als 60 Kalebassen – oder eben ein Bildbearbeitungsprogramm. Das Team platzierte die Kürbisse unter einem meterhohen Gerüst und fotografierte diese aus der Vogelperspektive, danach platzierten sie die Kalebassen neu. Das wiederholten sie und hatten so fünf Fotos, auf denen die Flaschenkürbisse an verschiedenen Positionen standen. Diese Aufnahmen wurden zu einem zusammengesetzt und erweckten so den Eindruck von unzähligen Kalebassen, die der Rapper zum Sammeln des Regens bereitgestellt hat.

Für Megaloh bedeutete das Album zugleich die Hoffnung auf den sinnbildlichen Regen, also Erfolg und Glück, sowie die Bereitschaft, diesen aufzufangen, sollte er kommen wie erwartet. Der Regenmacher verteilt aber auch das Gesammelte an alle und gibt ihnen Kraft, also ebenfalls eine Eigenschaft, die man Megalohs Musik zuschreibt. Diese Betrachtung verleiht dem ganzen Cover eine weitere Ebene. An eine Sache hat während der Entstehung allerdings niemand gedacht: Menschen, die an Trypophobie leiden, also Angst vor einer Anhäufung an unregelmäßigen Löchern haben, ekeln sich vor dem Bild und konnten die Regenmacher-Metapher gar nicht erkennen.

Artwork: Jan Wirth und Tobias Honert (zentrale)
Fotografie: Robert Winter

Mit freundlicher Genehmigung von Chimperator, Nico Wöhrle und Daniel Strohhäcker.

TILT

MAECKES

Als ich gelesen habe, dass ich den Applaus dann sozusagen in meinen Händen halte, war es klar, dass das das Cover wird.

– MAECKES

Konzept: Daniel Strohhäcker, Nico Wöhrle, Markus Winter & Juliane Polak
Layout: Daniel Strohhäcker

Blauer Samt, ein gelber Anzug und das Kinn des Musikers Maeckes. Seine Augen sind nicht zu sehen, man weiß nicht, sind sie offen oder geschlossen, lebt er oder nicht. Auf den ersten Blick entsteht der Eindruck, er stehe vor einem Bühnenvorhang, doch es ist ein Sarg. Das Album beschäftigt sich auf eine melodische und melancholische Art mit der Endlichkeit und diversen Katastrophen.

Für die Coverenstehung waren zwei Momente besonders wichtig, darunter ein Weihnachtsfest, zu dem Maeckes von seiner Schwester die digitalisierten Super8-Videos ihres Vaters geschenkt bekommen hat. Beim Betrachten fiel ihm auf, dass er als Kind häufig gelbe oder blaue Klamotten getragen hat. Somit stand die Farbwelt direkt fest. Das Musikvideo zum Song „Urlaubsfotograf" besteht aus genau diesem Filmmaterial. Der Rapper wollte dem Produzenten und Grafiker Äh, Dings aka Stroh nicht glauben, als der ihm erzählte, er habe geträumt, wie das Cover zum Album aussieht: Maeckes liege darauf in seinem gelben Anzug in einem Sarg, mit einer blauen Rose in der Hand. Doch eine blaue Rose gibt es in der Natur nicht, sie entsteht nur infolge einer Genmanipulation und steht für erfüllte Liebe und das Unerreichbare. Als Maeckes dann noch erfuhr, dass der Name dieser Rosenzüchtung „Applause" laute und er somit den Applaus in seinen Händen halte, stand fest: Sie würden Strohs Traum Wirklichkeit werden lassen. Dafür bauten sie eine aufrecht stehende, mit blauem Samtstoff bespannte Konstruktion, und der Rapper, in Gelb samt Blume, stellte sich davor. Im Musikvideo zu „Inneres/Aeusseres" performt Maeckes den Song auch aus dieser Konstruktion heraus. Das Einstecktuch in seiner Brusttasche symbolisiert den Track „Die Alpen".

Während des Shootings stand der endgültige Bildausschnit noch nicht fest. Sollte Maeckes Gesicht das zentrale Motiv bilden? Oder erscheint es zu abschreckend, wenn er den Betrachter anstarrt? Geschlossene Augen würden es wiederum schwermütig wirken lassen. Am Ende einigte man sich darauf, dass die blaue Rose – und somit der Applaus – im Fokus stehen soll. All diese Informationen geben dem Coverfoto so noch mehr Tiefe und Bedeutung, während die blau-gelbe Farbwelt in den Musikvideos zum Album zu finden ist und das Ganze in einen schönen Rahmen setzt.

Mit freundlicher Genehmigung von Kiezkunst.

ID
TAKT32

Im Idealfall kannst du dir das Cover als Poster machen und möchtest es in die Wohnung hängen.

— TAKT32

Die Identität eines jeden Menschen setzt sich aus Äußerlichkeiten und den persönlichen Erfahrungen, die jede:r individuell macht, zusammen. Das eigene Identitätsbewusstsein stimmt nicht immer mit der Einordnung seitens der Umwelt überein, doch eine Sache macht uns eindeutig identifizierbar: der Fingerabdruck. Egal ob sich die Frisur, der Kleidungsstil oder die Figur ändert, der Abdruck bleibt gleich.

Genau aus diesem Grund wählten der Rapper Takt32 und der Grafiker Kembograffix das Motiv als Cover für das Album „ID". Der echte Fingerabdruck des Rappers wurde digitalisiert, leicht verändert und so bearbeitet, dass das Ergebnis wie ein realer Abdruck mit Tinte auf Papier wirkt.

Aber das alleine wurde der Aussage des Albums nicht gerecht. Deshalb ist ein Teil der Linien mit Worten gefüllt, mit denen sich der Rapper identifizieren kann. Dazu gehören Orte ebenso wie Emotionen. In den einzelnen Zeilen steht unter anderem seine Crew Kiezkunst, sowie „Berlin", „Liebe", „Hoffnung", „Loyalität", „Schmerz", „Plattenbau" und noch viel mehr. Diese Worte finden auch immer wieder ihren Platz in seinen Tracks und Musikvideos. Erst als sie im Fingerabdruck verbaut hatten, kam die Idee auf, darin noch zusätzlich das Gesicht von Takt32 darzustellen. Also hat Kembograffix die Begriffe neu platziert, manche Linien verstärkt, andere abgeschwächt, um so das Gesicht zu formen. Doch da es nicht sofort erkennbar sein sollte, gleichzeitig aber nicht übersehen werden darf, war das Fingerspitzengefühl des Grafikers gefragt. Erst auf den zweiten Blick und mit etwas Abstand lässt sich das Antlitz des Rappers in den Linien ausmachen. Wenn man es einmal entdeckt hat, kann man es nicht mehr übersehen.

Die Idee des Fingerabdrucks erschien in einer vereinfachten Form auf der Metallbox und auch auf der CD kehrt das Motiv wieder. Für die Bonus-EP in der Box hat der Grafiker ein weiteres Portrait des Rappers in die Form eines Fingerabdrucks gebracht, dort ist es jedoch deutlich leichter zu entdecken. Insgesamt entsteht so eine zusammenhängende Optik, die das Album und die Box harmonisch miteinander verbindet und die Identität der Platte verbildlicht.

Artwork: Kembograffx (Toni Buschatz)

Mit freundlicher Genehmigung von T9.

R.I.F.F.A.

T9

Handyfoto: Torky Tork
Fotografie: Robert Winter
Artwork: The Winters

„T9" (2015)

„Plastik aus Gold" (2017)

Das Cover zu „R.I.F.F.A." gehört zu einer Trilogie. Der Rapper doz9 und der Producer Torky Tork schlossen sich als T9 zusammen und veröffentlichten 2015 ihr Debütalbum. Passend zu ihrer Namenskombination dachten sie an die T9-Worterkennung, die vor allem bei älteren Handys häufig in Gebrauch war. Somit lag ein solches Mobiltelefon als Covermotiv auch nahe. Torky Tork nahm sein altes Nokia 3310 mit in einen Amerika-Urlaub und nutzte seine Fotografieskills, um das Handy dort in Szene zu setzen.

Während er am Wasser stand, fiel ihm auf, dass es im Display und in der Wirklichkeit eine Übereinstimmung gab. Die Palme rechts in der Handyanzeige findet sich auch am Strand, und es sieht fast so aus, als habe man mit einem alten Nokia die Szenerie fotografiert.

„R.I.F.F.A" erschien ein Jahr später und griff das Handymotiv wieder auf. Dieses Mal fotografierte Torky Tork nicht selbst, sondern konnte sich auf die musikalische Arbeit am Album konzentrieren. Der Fotograf Robert Winter begleitete T9 nach Teneriffa. Sie landeten in einem Airbnb mitten in einer Bananenplantage. Während die Musiker direkt nach dem Aufstehen an den Tracks arbeiteten, fuhr der Fotograf herum, fotografierte viel und suchte nach Spots für das Musikvideo zu „Tiff".

Von jeder Location gibt es ein Foto, auf dem er das Handy wie Torky Tork hält. Doch es sah nie so aus, wie er sich das vorgestellt hat. Also entschieden sie sich für eine Alternative: Sie stellten die Hand des Producers, die das Nokia hielt, frei und klebten sie als Sticker auf die durchsichtige Schutz-Hülle. Durch das Gatefold-Cover entstehen so individuelle Album-Motive. Wer genau hinsieht, erkennt noch die Sandkörner vom Strand auf dem Handy.

Um die Trilogie fortzusetzen, fand die Stickerthematik auch auf dem Artwork zu „Plastik aus Gold" Verwendung. Der Fotograf nutzte dafür Bilder von einer privaten Japan-Reise. Doch bei diesem Album ist der Sticker nicht auf einer Hülle, sondern auf dem Foto platziert und sieht abgewetzt aus. Dieser abgenutzte Look stellt die Reise des Motivs noch einmal visuell schön dar.

Mit freundlicher Genehmigung von Audiolith.

EINE HAND BRICHT DIE ANDERE

WAVING THE GUNS

> *Meist arbeiten wir mit Leuten zusammen, die wir irgendwie aus dem Freundes- oder Bekanntenkreis kennen.*
>
> – MILLI DANCE (WTG)

Layout: Hannes Naumann
Artwork: Dörthe Marie
Kalligrafie: Enrico Palazzo

Backcover

Der Ton ist rau, die Band bestand zu dieser Zeit aus den Producern Dub Dylan und Dr. Damage, den Rappern Milli Dance und Admiral Adonis. Die Statements der Gruppe mischen Selbstironie, Battle-Attitüde und Antihaltung. Das Sprichwort „Eine Hand wäscht die andere" steht für etwas Gutes. Ich helfe dir, du hilfst mir. Der Albumtitel „Eine Hand bricht die andere" widerum macht das Machtgefälle in dieser Situation deutlich. Der Moment des Händereichens ist meist gewaltfrei, doch wie friedlich ist ein Handschlag wirklich? In manchen Situation handelt es sich um eine Machtdemonstration, die die eine Person der anderen – im wahrsten Sinne des Wortes – nachdrücklich beweist. Wer drückt härter zu? Wer reicht die Hand? Wer nimmt sie an? Wer nimmt sie nicht an?

Doch auch in Bezug auf den Battlerap dient das Reichen der Hände als eine beständige Geste. Man steht sich gegenüber, möchte die immer härteren und treffenderen Zeilen bringen und am Ende reichen sich beide Seiten mit vollem Respekt versöhnlich die Hände, und was Waving The Guns hier machen ist Battlerap auf Albumlänge. Bezugnehmend auf das Cover fängt hier ein Spotlight den Albumtitel ein.

Zuerst sollten auf dem Album zwei Hände zu sehen sein, die Pistolen halten – so ein Motiv existierte allerdings schon. Deshalb entschieden sich Waving The Guns für die zerquetschte Hand. Die befreundete Künstlerin Dörte Marie malte das Motiv mit Tusche und platzierte es in einem Kreis, der wie ein Spotlight wirkt. Dieser stellt eine Verbindung zum Vorgängeralbum „Totschlagargumente" dar: Dort rückte ein Türspion die Szenerie in den Fokus.

Auch für die Schrift griffen Waving The Guns auf den eigenen kreativen Freundeskreis zurück. Enrico Palazzo, den das Booklet als „mysteriösen Untergrundkünstler" führt, schrieb den Namen der Band, den Albumtitel und die Tracklist. Am Ende fügte Hannes Naumann alle Elemente zusammen und komplettierte so das Artwork.

Mit freundlicher Genehmigung von Keine Liebe Records.

NICHTS WAR UMSONST

PRINZ PI

Prinz Pi ist nicht nur Rapper, sondern auch Grafiker – auch für andere Musiker. Er hat schon als Kind viel gezeichnet, entdeckte als Jugendlicher seine Liebe für Graffiti und versank in den Gestaltungsmöglichkeiten des Computers. So tauschte er Stift gegen Grafikprogramme. Deshalb übernimmt er auch die Gestaltung oder die Artdirektion der meisten seiner Artworks selbst.

Für sein Album „Nichts war umsonst" entschied er sich für das Bild einer Münze. Diese verbindet gleich mehrere Metaphern, die passend für das Album erscheinen. Zum einen steht sie dafür, dass fast alles zwei Seiten hat. Nichts ist nur gut oder schlecht, oft vereinen Menschen, Situationen und Dinge beides. Gleichzeitig spielt die Münze für Prinz Pi darauf an, dass die Gesellschaft Dinge materiell einzustufen versucht, die man gar nicht mit Geld messen kann, da sie einen unbezahlbaren emotionalen Wert haben. Prinz Pi kehrte den Mechanismus um, indem er dem Zahlungsmittel mit seinem Gesicht eine menschliche Seite gibt und kein Wert auf der Münze steht. Außerdem spielt er auf der CD, der Vinyl und der Box mit den drei bekanntesten Metallen: Auf der CD ist die Münze silbern, auf der Vinyl ist sie kupferfarben, und auf der Box ist die Münze golden. Der jeweilige Hintergrund ist farblich auf die Münze abgestimmt. Die goldene Münze liegt auf einem schwarzen Hintergrund, die kupferfarbene auf einem dunkelblauen und für die CD entschied Prinz Pi sich für Weinrot. Das erinnert an roten Samt und sorgt für eine sanfte, feierliche Stimmung – damit wird für den Rapper das Setting des Albums auch visuell greifbar.

Um sein Seitenportrait stehen im Kreis sein Geburtsjahr, der Albumtitel „Nichts war umsonst" und sein Künstlername. Auf dem Kartonschuber der CD sind die Details der Münze hochgeprägt und lassen sie so dreidimensional wirken. Auf dem Backcover sieht man die Rückseite der Münze mit dem Prinz Pi-Logo, dem Releasejahr und den Labelnamen „Keine Liebe", sowie „Berlin". Die Symbolik der Münze mit dem Albumtitel sorgt für einen hoffnungsvollen Eindruck. All die schlechten Erfahrungen, der Schmerz sowie auch Liebe und Freundschaft zahlen sich am Ende aus und dienen als Nahrung für kommende schwere Phasen.

> *Das Bild einer Münze ist für mich in vielfacher Hinsicht eine gute Metapher. Zum einen hat sie zwei Seiten – wie die meisten Dinge. Nichts ist nur schlecht oder nur gut, fast jedes Ding und jedes Wesen trägt beide Zustände in sich drin.*
>
> — PRINZ PI

Artwork: Paul Putzar & Friedrich Kautz
Key Visual Realisation: Alex Dueckminor
3D Headscan: Voxelwerk Berlin

Mit freundlicher Genehmigung von WSP Entertainment.

HALLO, WIE GEHT'S?

JUICY GAY

Bis jetzt bin ich mit jedem meiner Cover megazufrieden und empfinde schon einen Druck, bei neuer Musik auch wieder ein cooles Cover zu haben, um das davor zu übertreffen.

— JUICY GAY

Layout: Graphizzle Novizzle

Der Rapper Juicy Gay vereint Ironie, Szenekritik und Ernsthaftigkeit. Er selbst beschreibt sich als „süß wie Rapunzel" und widmet der Subway-Bestellung auf seinem Album einen ganzen Track mit Ohrwurm-Charakter. Seine Cover sind immer bunt und darauf passiert viel, das gilt auch für „Hallo, wie geht's?"

Der Karikaturist Graphizzle Novizzle hat sowohl für LGoony (Seite 117), als auch Juicy Gay ein Cover illustriert. In beiden Fällen greift das Artwork visuell Inhalte der Songs auf. Der Rapper selbst hatte nur die Idee, dass er aus dem Fenster gucken möchte, den Rest überließ er Graphizzle Novizzle. Doch beide standen während des Gestaltungsprozesses in ständigem Austausch und stimmten sich ab. Als Vorlage diente ein Foto von Juicy Gay, das seine Freundin gemacht hat, darauf trug er sogar ihre Jacke. Die Pistole in der Hand ist klischeemäßig und wirkt fast schon fehl am Platz, wenn man Juicy Gay kennt und die vielen bunten Patches auf der Jacke sieht. Diese spielen teilweise auf Inhalte des Albums an. Das Sandwich steht für den Track „Subway". „Rap" ist so etwas wie das Signature-Wort, da Juicy Gay es sehr oft in jedem Track dazwischenruft. Der Sellerie verweist auf einer Kochsession mit Asad John. Dabei ritzte Juicy Gay ein Gesicht in das Gemüse und taufte es „Mister Sellerie". Er und Asad John nahmen es am nächsten Tag mit zum Konzert. Das Grünzeug bekam sogar seinen eigenen Twitteraccount.

Da Asad John für jeden Beat des Albums verantwortlich ist, gehört er mit auf das Cover, zumal er in fast jedem Track von „Hallo, wie geht's?" erwähnt wird. Es wirkt, als hätten die beiden gerade fette Beute gemacht, doch Juicy Gay blickt auf die Stadt, sieht, wie viel es draußen noch gibt, und überlegt, wie sein nächster Zug aussehen könnte. Der Titel des Albums in Kombination mit dem Cover verdeutlicht die Ironie und Leichtigkeit. Die Frage bleibt jedoch: Rauben Asad John und Juicy Gay ein Penthouse aus oder stehen sie darin und fragen einfach „Hallo, wie geht's?"

WITTEN UNTOUCHABLE

REPUBLIC OF UNTOUCHABLE

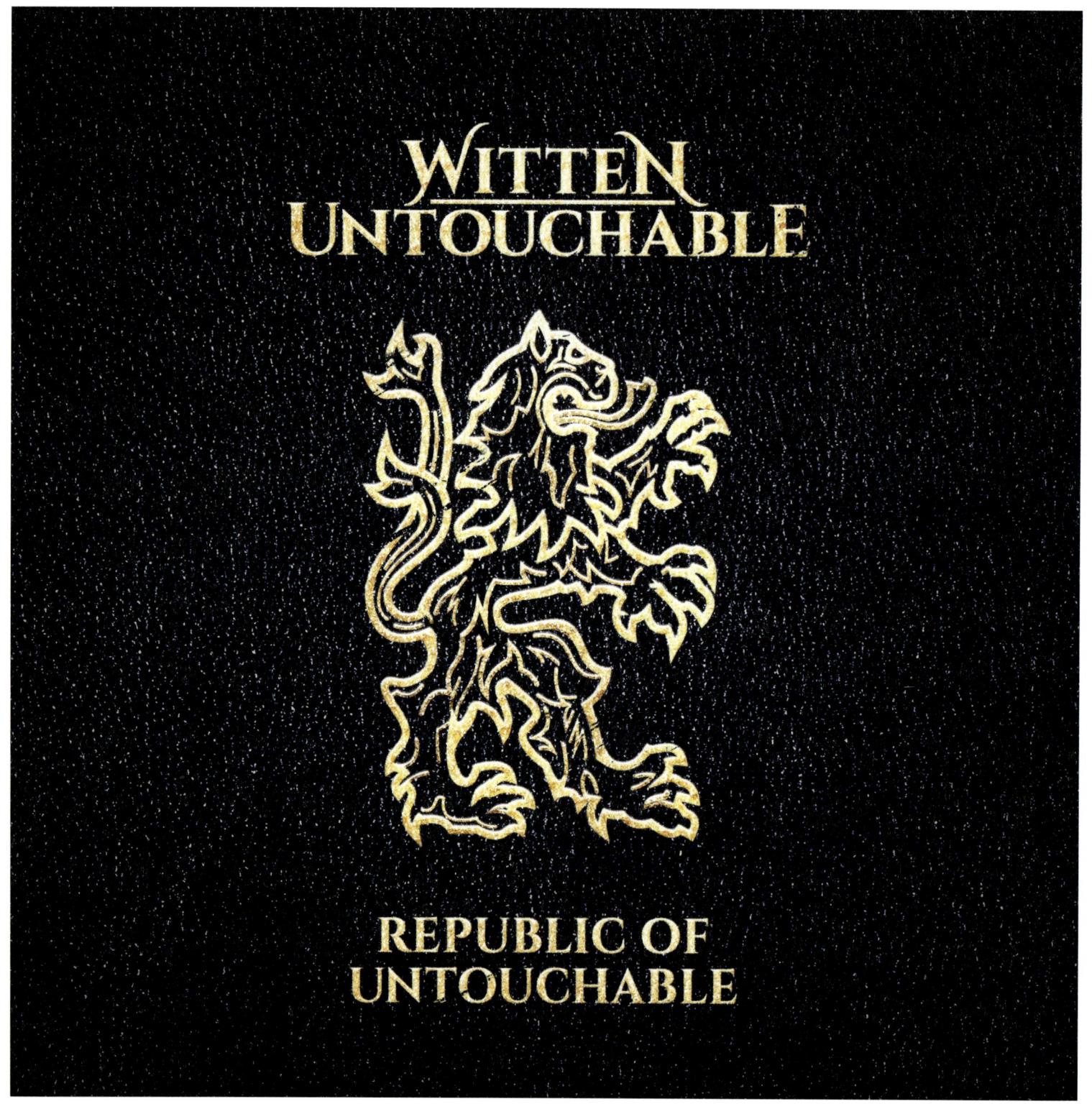

Mit freundlicher Genehmigung von Eartouch.

REPUBLIC OF UNTOUCHABLE
WITTEN UNTOUCHABLE

Artwork: Jacob Roschinski

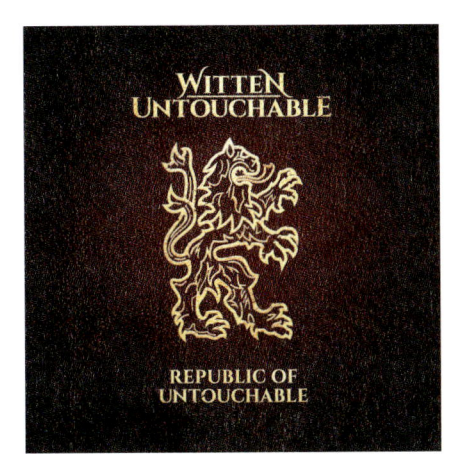

Vinyl-Cover

Booklet

Witten Untouchable besteht aus den Rappern Lakmann, Al Kareem, Magic Mess und dem Produzenten Rooq.

Zu der Zeit, als sie auf der Suche nach einem Albumnamen waren, fiel Al Kareem sein irakischer Reisepass in die Hände. Da wurde ihm bewusst, wie ästhetisch dieser aussieht. Deshalb beschäftigte er sich mehr mit dem Aussehen von Reisepässen weltweit.

Da Witten Untouchable allein schon mit ihrem Crewnamen für die Stadt Witten stehen und man ihnen zuschreibt, dass sie dort wie auf ihrer kleinen Insel leben, riefen sie mit ihrem zweiten Album einfach die „Republic of Untouchable" aus.

Al Kareem erzählte ihrem Grafiker Jacob Roschinski von dieser Idee. Bei der Umsetzung achtete dieser detailliert darauf optisch die Struktur eines Reisepasses aufzugreifen. Anders als sonst sorgte in diesem Fall die Idee des Coverdesigns für den Albumtitel und erstreckte sich bis zum Tourkonzept: Dem Album liegt ein Reisepass der Republic of Untouchable bei, den man sich auf der Tour abstempeln lassen konnte.

Das CD-Booklet sieht auch im Inneren wie ein Reisepass aus, mit einem Steckbrief von jedem Mitglied: mit Passfoto, bürgerlichem Namen, Geburtsdatum und -ort, sowie Körpergröße, Wohnort, Augenfarbe und Unterschrift. Ausgestellt wurde das alles im „Untouchable Headquarter". Um dem Ganzen noch mehr den offiziellen Vibe einzuhauchen, sind die Pressefotos zum Album im Rathaus in Witten entstanden.

Damit sich die Cover der Vinyl und der CD etwas unterscheiden, haben diese jeweils eine andere Farbgebung. Das Vinyl-Cover ist in Weinrot gehalten und das der CD in Dunkelblau.

Das Logo in der Mitte zeigt einen doppelschwänzigen Löwen, der dem Wappentier der Stadt Witten nachempfunden ist. Auf dem Wappen der Stadt finder er sich in doppelter Ausführung. Auch damit verdeutlichen Witten Untouchable noch einmal ihre Verbindung zu dieser Stadt im Ruhrgebiet.

Mit freundlicher Genehmigung von BESTE.

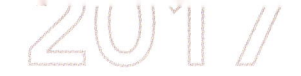

EINZIMMERVILLA

BRKN

Als ich das Album gehört hatte, hatte ich irgendwie „Get rich or die tryin'" im Kopf.

— FILATOW

BRKN will Musik machen und BRKN kann Musik machen. Egal ob am Saxophon, am Klavier oder mit seinem Gesang. Er kann es und genau das soll ihm den Weg zum Geld ebnen. Doch nicht, um es bei wilden Partys zu verprassen, sondern, um seiner Familie und allen, die ihm lieb sind, die Sorgen zu nehmen und ihnen etwas zu gönnen.

Die Musik ist der Weg aus der Ein-Zimmer-Wohnung, die als Covermotiv des Albums „Einzimmervilla" dient. Zu der Zeit wohnte BRKN wirklich in der abgebildeten Wohnung am Kottbusser Tor und genoss einen wunderschönen Blick über sein Kreuzberg. Für das Cover räumten sie allerdings ein Sofa aus dem Weg, damit nur das Wesentliche zu sehen ist: BRKN in seinem Bühnenoutfit und seine Instrumente.

Die Boombox referiert auf den Song „Boombox" von der 2014 erschienen „Yeah Bitch Yeah"-EP. Das bordeauxfarbene Samt-Sakko gestattet einen Blick in die Zukunft, zum später erschienenen Track „Bordeaux". Dabei war die Farbe purer Zufall. Auf der Suche nach einem geeigneten Bühnenoutfit stieß BRKN auf dieses Oberteil, das er seitdem immer auf der Bühne trägt und mit den farblich passenden Jordans kombiniert. BRKNs Musik lebt von Brüchen und der Verbindung aus verschiedenen Stilen, gleiches gilt für sein Bühnenoutfit.

Das Coverfoto ist analog entstanden. Geschossen hat es der Fotograf Ferhat Topal. Dafür leuchtete er die gesamte Wohnung mit einem riesigen Scheinwerfer aus, damit es hell genug ist und man trotzdem den Ausblick über den Bezirk mit auf dem Foto einfangen kann. Artdirection führte Andrej Filatow, Mitbegründer des Labels BESTE, bei dem BRKN sein musikalisches Zuhause hat. Filatow begradigte am Ende alle Linien innerhalb des Bildes, um den cleanen Look zu unterstreichen.

Der goldene Schlüssel in BRKNs Hand ist der echte Schlüssel zu seiner ehemaligen Wohnung und der Grund, weshalb jeder Box ein goldener Schlüssel beilag. Somit bekommt jeder Käufer der Box sozusagen seinen eigenen Türöffner zu einer Einzimmervilla, um darin seine Träume und Ziele zu verfolgen.

Layout: Andrej Filatow
Fotografie: Ferhat Topal

Mit freundlicher Genehmigung von Immer.ready.

20:14
MARVIN GAME

Das Debütalbum „20:14" ist die Vorbereitung auf seine Primetime. Für das Cover hatte Marvin Game gemeinsam mit dem Fotografen Rob Vegas einen Plan. Es sollte in zwölf Felder eingeteilt werden – für jede Stunde eins – und in jedem Bereich sollte ein anderes Bild von unterschiedlichen Orten sein. Dafür ging es nach Kalifornien. Dung Nguyen hat die Musikvideos gedreht, Rob Vegas fotografiert und Content für Social Media vorproduziert. Sie haben an alles gedacht und waren produktiv.

Auf der Durchreisen erfuhren sie von einem Post Malone-Konzert in San Francisco und gingen hin. Davor hatten sie auf Work&Travel-Basis etwas Geld auf einer Farm verdient. Niemand achtete darauf, wo sie ihr Auto abstellten. Als die Crew die Konzertlocation verließ und wieder am Auto ankam, war der Schock groß. Sie wurden beklaut: Laptops, Kameras, Objektive und weiteres Equipment einfach aus dem Auto entwendet. Somit waren auch die Dateien für drei bis vier Musikvideos und tausende Fotos weg. Alle waren bedrückt, doch sie wussten, sie benötigten erstmal Geld. Deshalb reisten Marvin Game und die anderen wieder zurück zur Farm mitten im Nirgendwo und arbeiteten dort einige Tage. Mit dem frisch erarbeiteten Geld in der Tasche ging es zum nächsten Elektrofachgeschäft, das fünf Autostunden von der Konzertlocation entfernt war. Kurz vor Ladenschluss kamen sie an, suchten sich eine Kamera aus und bezahlten. So konnten sie die restliche Zeit vor Ort noch nutzen, um nicht komplett ohne Material wieder nach Berlin zu kommen. Eigentlich flogen sie nach Kalifornien, um mit einem fertigen Album und allem Material dafür zurückzukommen. Doch am Ende hatten sie 25.000 Euro verloren, ein Musikvideo und nur ein paar Fotos.

Kurze Zeit nach dem USA-Trip fuhren Bausa, DJ Kidsofly, RRARI PAAPI, Dung Nguyen und Marvin Game für einen Auftritt nach Chemnitz. Von dort aus ging es nach Amsterdam für den Videodreh zu seinem Song „Kleine". Zu der Zeit fand dort das Festival Of Lights statt und das nutzten sie für Szenen im Musikvideo und einige Fotos. Als Rob Vegas dann die Fotos sichtete, fiel ihm auf, dass der Rahmen der Lichtinstallation „Rhizome House" von DP Architects aussah wie eine Uhr. In Photoshop ergänzte er noch Uhrzeiger, die 20:14 Uhr anzeigen, und fertig war das ungeplante, aber passende Cover.

Außerdem etablierte Marvin auf dem Artwork seinen Signature-Move für Fotos und Videos, bei dem er auf die Uhr schaut und so seinen Titel als „Zeit-Rapper" unterstreicht. Diesen Move ahmten Fans auf ihren Fotos nach und verbreiteten ihn auf Social Media.

> *Wir haben nicht nachgedacht, wo wir unser Auto parken, und als wir vom Konzert rauskamen, waren alle Kameras, Laptops, Speicherkarten und Festplatten weg.*
>
> – MARVIN GAME

Artwork: Rob Vegas

Mit freundlicher Genehmigung von Irrsinn.

YRRRE

YRRRE

In erster Linie muss ein Cover gut aussehen und Neugier wecken. Wenn es dann noch die Persönlichkeit der Musik einfängt und dieselbe Sprache spricht, dann bin ich glücklich.

– YRRRE

Artwork: Bastian Wienecke
Fotografie: Adam Graf

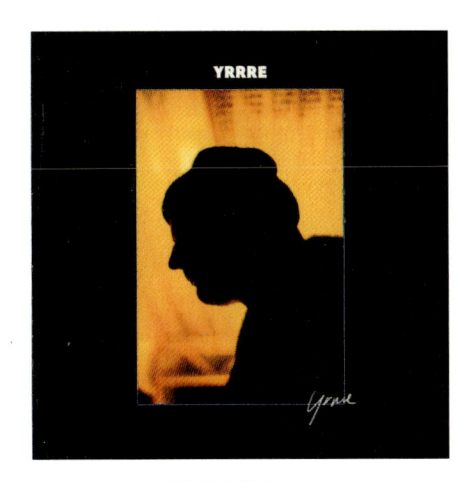

Digital-Release

Der große Vorteil, wenn man mit einem seiner engsten Freunde zusammenarbeiten kann: Die andere Person kennt einen so gut, sie weiß, was zu einem passt, ohne dass man viel erklären muss. Dieses Privileg hat der Rapper und Produzent YRRRE mit dem Grafiker Bastian Wienecke. Sobald musikalisch die grobe Richtung steht, hat der Musiker zwar eine bestimmte Farbstimmung im Sinn, aber wartet ab, welche Ideen dem Grafiker bei den Songs kommen. YRRRE weiß, die eigenen Ideen sind manchmal nicht die besten, da man oft zu nah an der Materie dran ist.

Nachdem die beiden mehrmals die Songs gehört, darüber gesprochen und sich Gestaltungsideen gezeigt hatten, einigten sie sich für das Album auf einen „Work in Progress"-Mood. Da der Musiker auf dem Album einige Baustellen aufzeigt, sich stellenweise repariert und in einer Stadt voller Chaos lebt, passte genau diese künstlerische, unvollendete Stimmung besser als jede andere. Daraufhin holten sie den Fotografen Adam Graf dazu und er verstand die Vision des Albums direkt. Eins der Bilder, die er schoss, passte perfekt zum Album. YRRRE sagte im Interview, es sei ihm wichtig, die Musik für sich selbst sprechen zu lassen, ohne ihr ein Gesicht mitzugeben. Der Umstand, dass er dem Album seinen Namen gab sowie die selbstgeschrieben und produzierten Songs sorgten für den persönlichen Touch. Anfangs veröffentlichte der Musiker das Album online in Eigenregie mit einem etwas anderen Cover. Die Farbstimmung war die gleiche, aber es gab keine Struktur im Hintergrund und der Albumtitel stand handschriftlich rechts unten in der Ecke. Für die Vinylversion, die über Irrsinn Tonträger erschien, wurde nicht nur das Cover überarbeitet. Zino Mikorey masterte die Songs und das Album wurde noch um drei Remixes von Cap Kendricks ergänzt. Mit dem Produzenten Cap Kendricks entstanden daraus Freundschaft und Zusammenarbeit, die bis heute anhalten.

Der Grafiker wertete das Cover mit einer DeepDream-Struktur im Hintergrund auf und grenzte es so von dem der Digitalveröffentlichung ab. DeepDream ist eine von Google entwickelte Software, die auf der Technologie basiert, die Inhalte erkennt und klassifiziert. Doch hier wird das Verfahren genutzt, um Strukturen in ein Bild einzufügen, die uns Gesichter und Formen erkennen lassen – ähnlich wie das Erkennen von Figuren in Wolken. Deshalb wird diese Technik auch oft als „Träumen des Computers" bezeichnet. Jeder kann so etwas anderes und eigenes in dem Cover erkennen. Diese Interpretationsoffenheit unterstreicht die Tiefe und Vielschichtigkeit der Musik.

Mit freundlicher Genehmigung von Benno Gut.

AQUARIUM

BENNO GUT

Das Cover soll hauptsächlich die Atmosphäre des Albums widerspiegeln.

— BENNO GUT

Artwork: Benno Gut

Schon während der Arbeit an seinen Songs hat Benno Gut visuelle Ideen. Die verwirft er jedoch im Laufe des Prozesses. Erst wenn das Release musikalisch fertig ist, setzt er sich ernsthaft mit der Suche nach dem passenden Cover auseinander. Meist steht zu diesem Zeitpunkt der Albumtitel schon. Dass Titel und Cover ein perfektes Match ergeben, erscheint ihm nicht zwingend notwendig. Es ist ihm wichtiger, dass das Bild das Gefühl der Musik einfängt.

Dafür probiert er skizzenhaft verschiedene Ideen in Photoshop aus. Meist aber ist das Motiv eine Momentaufnahme – genau wie seine Songs. Benno Gut legt Wert darauf, mit seiner Musik seine Stimmung in dem Moment einzufangen, statt an alles zu verkopft heranzugehen.

Bei „Aquarium" entstand das Coverfoto genau in so einem Augenblick. Wochen zuvor war der Musiker YRRRE (Seite 161) bei ihm zu Gast, um an seinem Featurepart zu arbeiten. Währenddessen tranken sie Bier auf Bennos Balkon. Eine der Flaschen mit einem Bierrest blieb dort über Wochen stehen und wurde zum Sammelbecken für verirrte Wespen, die ertranken.

Benno Gut fotografierte per Handy mit Blitz in die Flaschenöffnung und war überrascht von der Optik des Fotos. Da er sich Bildbearbeitungsskills selbst beigebracht hatte, hatte er die Möglichkeit, das Bild nach seinen Vorstellungen anzupassen. Als er das Foto also später bearbeitete und das abgestandene Bier blau umfärbte, passte es perfekt zum Albumtitel. Es reihte sich unter seine zufällig entstandenen blauen Artworks ein.

Die Verknüpfung zum Inhalt, die dem Musiker besonders wichtig ist, gibt das Covermotiv auch her. Das Album entstand im Sommer und Benno Gut beschäftigt sich in den Songs viel mit dem Draußensein und dem Gefühl, wie die Sommerzeit endet. Die toten Wespen symbolisieren das Ende des Sommers. Auch der Eindruck, dass es sich um Poolwasser handeln könnte, passt zu der Thematik der Songs.

Mit freundlicher Genehmigung von Normale Musik.

YPSILON

YASSIN

Wenn die Platte irgendwann in Vergessenheit gerät und sie jemand in ein paar Jahren irgendwo sieht, dann will ich nicht, dass das eine von den Platten ist, der man ansieht aus welcher Zeit sie stammt, was für einen Effekt sie zu der Zeit hatte und ob sie Trends nacheiferte.

— YASSIN

Artwork: Chehad Abdallah & Valentin Hansen

Backcover

In Zeiten von Umweltkatastrophen, Weltuntergangsszenarien und politischen Krisen haben sich der Rapper Yassin und der Grafikdesigner Chehad Abdallah gefragt, was am Ende noch bleibt. Was hinterlässt man der Nachwelt? Inhaltlich beantwortet Yassin die Frage mit einer Mischung aus Zuversicht, Angst und Empathie.

Nach einer mehr als zehnjährigen Rapkarriere gemeinsam mit Audio88 hat Yassin mit „YPSILON" sein Solo-Album veröffentlicht und darauf viele seiner Gedanken, Wünsche, Sorgen und Glücksmomente eingefangen. Der Moment des Festhaltens lieferte am Ende auch die zündende Idee für das Cover-Artwork.

Chehad Abdallah und Valentin Hansen zerschnitten große Vakuumbeutel, klebten sie wieder zusammen und bastelten einen, in den Yassin komplett hineinpasste. Mit einem Staubsauger saugten sie die Luft heraus und vakuumierten den Rapper. Ungefährlich ist das auf keinen Fall, denn ab einem gewissen Punkt fehlt logischerweise die Luft zum Atmen. Die entstandenen Fotos überzeugten alle Beteiligten leider nicht komplett.

Das finale Album-Cover entstand mit deutlich geringerem Risiko und mit viel weniger Equipment, als man vermutet. Auch in der Nachbereitung wurden nur zwei, drei Stellen in Photoshop gestempelt, ansonsten wurde der finale Scan nachträglich nicht bearbeitet, sondern landete so auf dem Cover. Keine Schrift oder weitere Elemente stören das Bild. Es zeigt Yassin so nahbar und echt wie nur möglich – konserviert für die Nachwelt.

Als wiederkehrendes Element in Musikvideos und auf dem Tourplakat taucht ein aus Schrift bestehender Ring auf. Die Trackliste auf der Rückseite des Albums ist ebenfalls in dieser Form gestaltet. Die Darstellung gleicht einer Banderole, die auch abseits des Covermotivs alles zusammenhält.

Yassin hatte den Anspruch, dass man der Platte nicht ansehen solle, aus welcher Zeit sie stammt und welche Trends in diesem Moment herrschten. Er wollte für sein Album ein zeitloses Cover. Gemeinsam mit den Art Directors Chehad Abdallah und Valentin Hansen ist ihm das für „YPSILON" gelungen.

Mit freundlicher Genehmigung von Stay High.

WAVE
UFO361

Artwork: Bastian Wienecke

„Shot ft. Data Luv"-Single-Cover

„Irina Shayk"-Single-Cover

Eine Welle kann je nach Größe etwas Schönes oder etwas Bedrohliches sein, doch man weiß nie, wann sie kommt und welches Ausmaß sie haben wird. Diesen Überraschungseffekt soll das Album transportieren. „Keiner hat geahnt, dass die Wave kommt." *(Ufo351 auf „Wave")*

2018 beerdigte der Rapper sich noch selbst und wollte sich zurückziehen. Schon ein Jahr später tauchte er wie der Delfin auf dem „WAVE"-Cover wieder auf. Aber das war gar nicht die eigentliche Idee des Motivs.

Die Zusammenarbeit zwischen dem Grafiker und Illustrator Bastian Wienecke und dem Rapper Ufo361 begann lange vor „WAVE" mit Designs für Ufo361-Merchartikel. Im Zuge dessen entstand der neue Ufo361-Schriftzug im Strichlisten-Look, der auf dem Cover rechts unten abgebildet ist. Seitdem arbeiteten sie immer wieder zusammen.

Als der Albumtitel klar war, wünschte sich der Rapper einen Delfin auf dem Cover. Mehr Vorgaben hatte der Grafiker und Illustrator nicht. Somit konnte er sich kreativ austoben und bewegte sich dabei immer auf einer Gratwanderung zwischen Kitsch, Kunst und 90er-Jahre-Fantasy-Poster. Das Artwork zu „WAVE" sollte polarisieren, genau wie die Musik des Künstlers. Das schaffte Bastian Wienecke schon allein mit der Kombination aus giftigem Grün und spacigem Lila. Deshalb ziehen sich diese Farben in Verbindung mit dem Wasser-Motiv auch durch die einzelnen Single-Cover. Während auf dem Album-Cover das Grün überwiegt, sind die Singles in Lila getaucht und ergeben im Gesamtbild eine eigene Unterwasserwelt.

Das Cover inspirierte sogar einige Ufo361-Fans dazu, die Artworks nachzuzeichnen und fiktive Versionen im Stile von „WAVE" zu gestalten. Vielleicht haben damit die Grafiker von morgen ihre Leidenschaft gefunden.

Wenn man das Album anhört, entsteht eine weitere Verbindung zwischen der Musik und dem Cover: Immer wieder sind auf den Songs Delfin- und Wellensounds zu hören, die das Motiv auch soundtechnisch aufgreifen und alles vereinen.

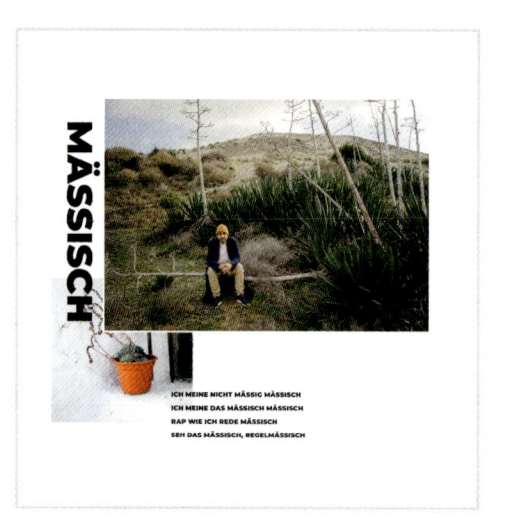

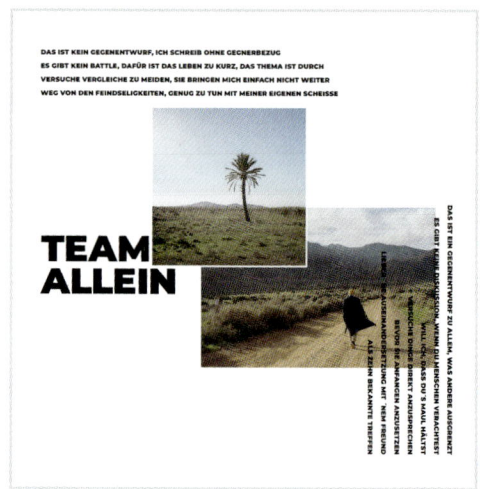

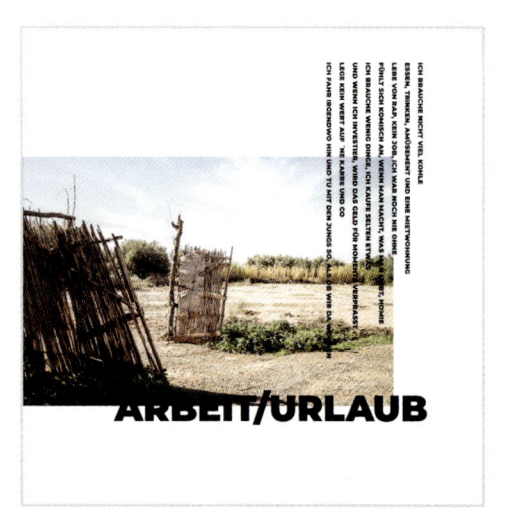

Mit freundlicher Genehmigung von Mädness

OG
MÄDNESS

> *Bei dem Album hätte es keinen Sinn ergeben, Fotos in Berlin zu machen.*
>
> – ROBERT WINTER

Artwork: Robert Winter

Ein paar kreative Freunde fahren gemeinsam in den Urlaub und können natürlich nicht einfach nur Ferien machen. So lässt sich der erste Ausflug nach Andalusien beschreiben. Dort begannen Mädness und Döll, jeweils Ideen für ihre Solo-Alben zu sammeln, während der Fotograf Robert Winter alle bekochte und Fotos machte.

Die Kombination der leuchtenden Farben der Fenster und Türen in den andalusischen Dörfern inmitten der weiten Natur blieben bei Mädness besonders hängen. Deshalb reisten der Fotograf und der Rapper erneut gemeinsam dorthin, hielten überall, wo sie es schön fanden, und machten Bilder. Immer mit dabei: die senfgelbe Beanie und der dunkelblaue Bademantel. Jemand, der einen Bademantel trägt, ist laut Mädness niemand, der gestresst durch die Straßen läuft und unter Zeitdruck steht. So strahlen die Bilder alle etwas Entschleunigendes aus.

Das Besondere des Artworks: Es gibt kein festes Cover. Jede Seite des Leporello-Booklets bildet einen Song des Albums ab und kann je nach Lust und Laune als Frontcover dienen. Aufgrund der vielen Bilder konnte Mädness für jeden Song ein bis zwei passende Motive picken. Lediglich die schwarze Schrift der Titel und Zitate in Großbuchstaben brechen sie etwas. Der großzügige Weißraum lässt alles im Gesamtbild weiterhin harmonisch wirken.

Das einzig urbane Motiv findet sich in Form einer Straßenlaterne auf der Seite zum Track „Kein Ort", da dieser reale Orte fernab von Urlaubsstimmung und Selbstreflexion thematisiert.

Die erste Seite lehnt sich an das Cover der „OG"-Kassette von Ice-T an: Richtig gefaltet ist das Artwork ein Kassettencover. Deshalb sind auch die Titel und der Barcode vorne zu sehen, sowie der Parental Advisory-Hinweis. Doch Ice-T steht bei seinem Cover im Anzug vor seiner Villa. Mädness hingegen bildet ein Häuschen mitten in der Natur ab, doch wirkt dabei kaum weniger OG-mäßig.

Das Album klingt nach dem Finden einer inneren Ruhe, jedes einzelne Cover strahlt genau das aus. Weil Robert Winter von Anfang an so eng dabei war, konnte er diesen Vibe gut einfangen.

GOLDROGER

DISKMAN ANTISHOCK

Mit freundlicher Genehmigung von Irrsinn.

DISKMAN ANTISHOCK I+II

GOLDROGER

Artwork: YAWN
Illustration: Ching Yeh

Diskman Antishock II

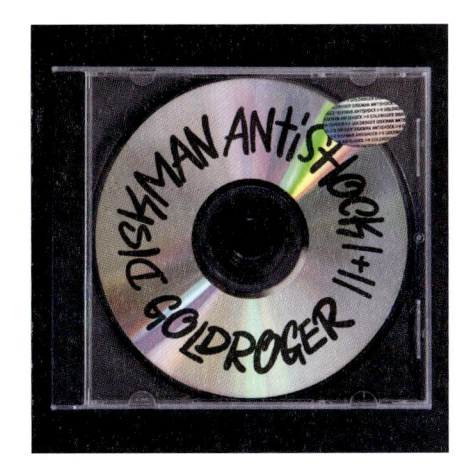

Diskman Antishock I+II (CD-Version)

Goldroger probierte sich in den letzten Jahren musikalisch aus. Er hat kein Problem damit, bereits Bestehendes zu verwerfen und noch einmal neu anzufangen. Das konnte man gut beim Artwork beobachten. Das Plakat zur Releasetour von „Diskman Antishock" war noch etwas bunter. Es zeigte unter anderem ein Bild von Goldroger, auf dem er einen Motorradhelm trug und ein Schwert in die Luft streckte, während er auf einem Reifenhaufen stand. Dieses Motiv sollte eigentlich das Coverfoto werden. Auch im „Tesla"-Musikvideo ist Goldroger in dieser Montur zu sehen. Doch das fertige Album-Artwork zeigt eine illustrierte Person im Animestil – das einzige, das blieb, waren der Helm und das Schwert.

Wie schon beim Vorgängeralbum arbeiteten die Grafikerinnen Sandra Greiling und Annika Janssen von YAWN am Cover, während Goldroger mit Dienst&Schulter noch an den Songs feilten. In dieser Zeit entstanden viele verschiedene Ansätze, die alle immer wieder verworfen wurden. Das erste Element, das allen gefiel, war der neue Goldroger-Schriftzug, den Sandra von Hand erstellt hatte. Doch seit dem Tourplakat war dem Rapper klar, dass der Diskman personifiziert werden soll. Da er schon lange Fan der Arbeiten des taiwanesischen Zeichners Ching Yeh ist, schrieb er ihm einfach, weil diesem Goldrogers Musik gefiel, sagte der Zeichner zu. Nach ein paar Vorgaben entstand so der Diskman, der auf dem Cover des ersten Teils abgebildet ist. Ob sich unter dem Helm ein Kopf verbirgt oder ob der Helm der Kopf ist, bleibt dem Betrachter selbst überlassen. Doch die Details am Körper des Diskmans spiegeln die Musikthematik wider. Das Cover zu „Diskman Antishock II" zeigt eine Frau im selben Stil, eine Mechanikerin, die sich gerade selbst heilt und genauso taff wie der Diskman wirkt. Das CD-Cover unterscheidet sich von der Vinyl- und Streaming-Version und passt zu den Single-Covern und der ersten Assoziation, wenn man den Albumtitel liest. Für diese Artworks hat Sandra von YAWN die CDs von Hand beschrieben und bemalt und so den typischen Look selbstgebrannter Rohlinge aufgegriffen. Für die Vinyl-Cover bastelten YAWN mit Ching Yehs Zeichnungen das fertige Artwork und verpassten dem Ganzen in Detailarbeit den Used-Look, der dem Cover noch mehr Charakter verleiht. Das Album klingt, als habe Goldroger schon einiges durchgemacht, und das Artwork vermittelt diesen Eindruck auch optisch. So ergeben am Ende Aussehen und Inhalt ein stimmiges Gesamtpaket.

Mit freundlicher Genehmigung von Warner Music Central Europe.

LOVE, WEED & MITTELFINGER
ANTIFUCHS

Als der Albumtitel „Love, Weed & Mittelfinger" feststand, wollte Antifuchs zuerst die drei Worte in Form von Emojis abbilden. Doch die ersten Entwürfe sagten ihr nicht zu.

Deshalb fragte Antifuchs den Grafiker Adopekid an. Dieser hatte Zeit und Lust auf das Artwork – vor allem, als sie im Laufe des Gespräches auf die Assoziation mit der britischen Comic-Heldin Tank Girl kamen. Die Idee schwirrte schon lange im Kopf des Grafikers herum. Jetzt konnte er sie endlich umsetzen. Tank Girl ist furchtlos, kampfbereit und hat eine Punk-Attitüde – also alles, das Antifuchs auch verkörpert. Als die Rapperin die ersten Skizzen von Adopekid sah, traf der Entwurf genau ihre Vision für das Artwork.

Um Vorlagen von Antifuchs im Tank Girl-Look zu haben, planten sie ein Fotoshooting und sammelten dafür Outfits und Accessoires zusammen. Antifuchs fühlte sich in dem ganzen Setting wohl und das Ganze wirkte an ihr nicht wie eine Verkleidung. Bis heute sind Elemente daraus in ihren Musikvideos und auf Fotos zu finden. Die Ergebnisse des Shootings waren so gut, dass es dem Grafiker fast leid tat, dass kein einziges Foto auf dem Cover landete, sondern er eine Illustration davon anfertigte. Dieser Schritt ermöglichte ihm, diverse Aspekte an die Rapperin anzupassen. So bekam die Fuchsmaske mehr Mimik und einen angriffslustigeren Ausdruck. Auch der Fuchsschwanz am Helm von Antifuchs wurde erst bei der Illustration ergänzt.

Antifuchs kam in die Rapszene und beanspruchte ihren Platz – genau diesen Moment wollte Adopekid mit der Gestaltung des Hintergrunds festhalten. Auf dem Cover sieht man im unteren Teil einen Farbverlauf, der an Rauchschwaden erinnert und diesen Eindruck verbildlicht.

Der letzte Aspekt des Albumtitels, der Mittelfinger, ist indirekt eingebaut: Die gesamte Haltung der Antifuchs-Comicversion soll die Mittelfinger-Attitüde verkörpern. Gleichzeitig ist das Fuchs-Ass immer dabei. Das Peace-Zeichen auf ihrem Helm deutet auf Antifuchs' Fokus auf das Gute hin. Die Anspielung auf ihren „Fuxxxbau", den sie immer mit drei X schreibt, ist auf dem Baseballschläger zu finden. Dieses Detail wird im Anti-Army-Sticker rechts unten aufgegriffen. Der stammt ebenfalls von Adopekid und gilt als eine Art Erkennungszeichen für ihre Fans.

> *Er hat mir das geliefert, was in meinem Kopf drin war, ich aber gar nicht beschreiben konnte.*
> – ANTIFUCHS

Artwork: Adopekid

FATONI ANDORRA

Mit freundlicher Genehmigung von Universal Urban.

ANDORRA

FATONI

> *Die Tatsache, dass es ähnlich dem „Revolver"-Cover ist, war auch gar nicht beabsichtigt.*
>
> – KLAUS VOORMANN

Cover/Illustration: Klaus Voormann
Covertypo: Maxi Voormann
Grafik: V.Raeter

Single-Cover „Alles zieht vorbei"

Fatoni ist seit seiner Jugend ein Fan der Beatles. Doch hätte man ihm damals gesagt, dass der Grafiker, der für das legendäre „Revolver"-Cover der Band verantwortlich ist, einmal eines seiner Alben-Artworks gestalten würde, hätte er es vermutlich selbst nicht geglaubt.

Dabei brauchte es im Endeffekt nur eine Mail, und der Rapper besuchte den Grafiker und Musiker Klaus Voormann am Starnberger See. Bei einem Spaziergang unterhielten sich die beiden lange. Klaus Voormann hatte über Fatoni seinen ersten Berührungspunkt mit Deutschrap. Da ihm die Texte und Videos gefielen, stand einer Zusammenarbeit für das Album „Andorra" nichts mehr im Weg.

Nach verschiedenen Skizzen entschieden sie sich für die, die unabsichtlich dem „Revolver"-Cover der Beatles nicht ganz unähnlich sieht. Da Klaus Voormann sich ein genaues Bild von Fatoni machen wollte, telefonierten sie viel. Er legte Wert auf jedes Detail, das dem Rapper wichtig war. Der Katzenbär ist Fatonis Lieblingstier, die Globus-Bar steht in seiner Wohnung, die Brezel symbolisiert seine Heimatstadt München, die Gitarre gehört auch zu ihm, ebenso wie der Hut. Rotkäppchen-Sekt hat er als Pin und die Zeitangabe 11:30 Uhr findet mehrfach Erwähnung. Klaus Voormann war es ein Anliegen, alles unterzubringen, das Fatoni ausmacht, da er es auch in seiner Musik so hält. Die Menschen in den Haaren sind keinen echten Personen nachempfunden, sondern wirken eher wie eine diffuse Masse, auf die Fatoni im Track „Die Anderen" Bezug nimmt. Der typische Tundra-Pullover und die Kette sind jedoch nicht gezeichnet, sondern wurden aus einem Foto zur Collage hinzugefügt.

Zu Beginn hatte die Zeichnung des Rappers auch noch Augen, doch im Laufe des Prozesses entschieden sie sich für die Sonnenbrille, deren Gläser bei dem Vinyl-Cover ausgestanzt sind. Der Grafiker und Fatoni-Tour-DJ V.Raeter hat die Innenhüllen der Doppelvinyl gestaltet. Die vier verschiedenen Motive sind durch die Sonnenbrille erkennbar. Die Kondensstreifen verbindet er mit „Alles zieht vorbei". Auf der nächsten Seite ist Clint Eastwood abgebildet, dieses Motiv dient dem gleichnamigen Song als Cover. Die dritte Innenhüllen-Seite zeigt das Artwork der Single „Die Anderen". Auf der vierten sieht man die Straße nach Andorra: Dies ist das eigentliche Album-Cover.

Döll
Nie oder jetzt.

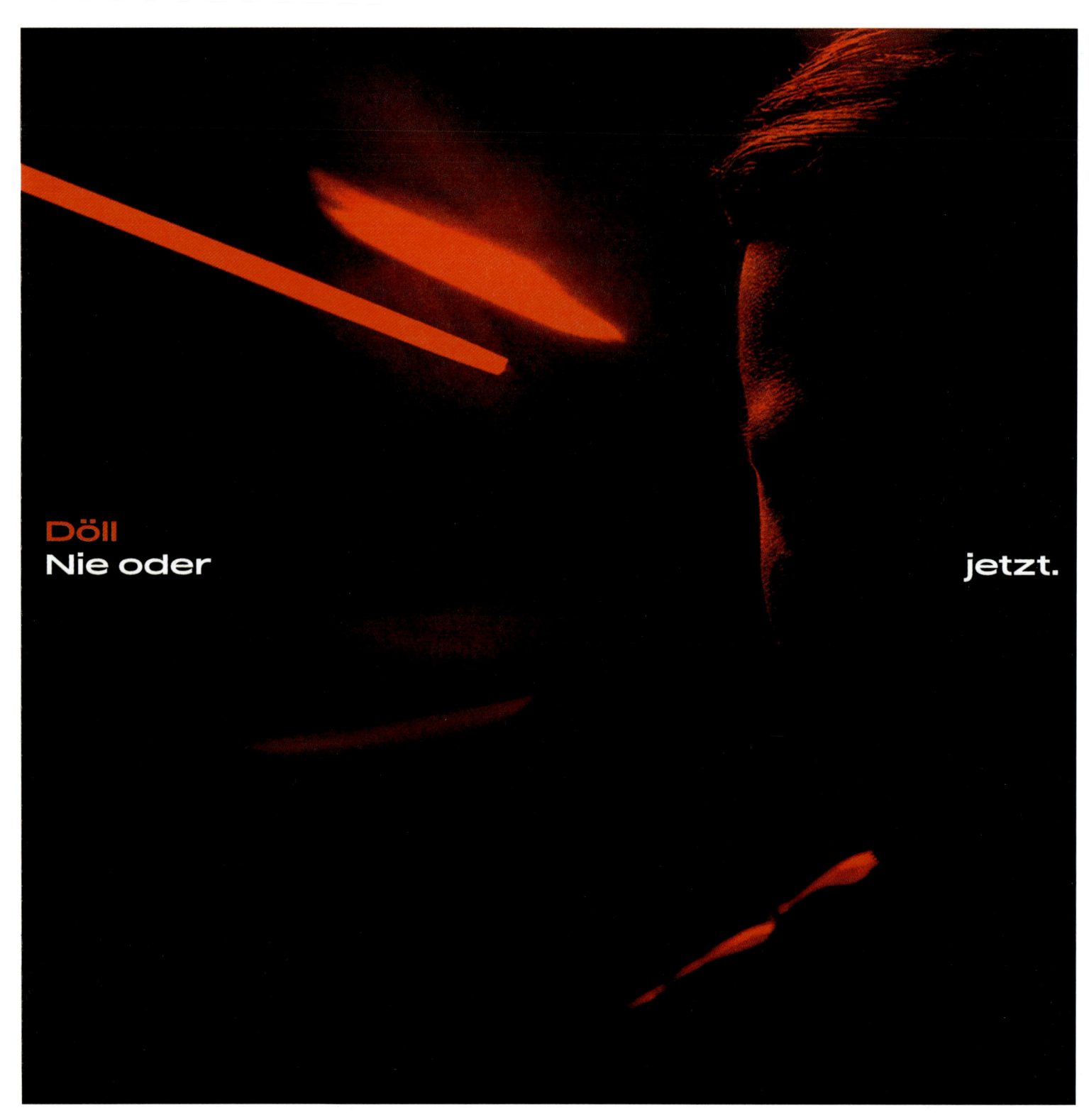

Mit freundlicher Genehmigung von Döll.

NIE ODER JETZT
DÖLL

Fotografie: Robert Winter
Artwork: Joel Carneiro

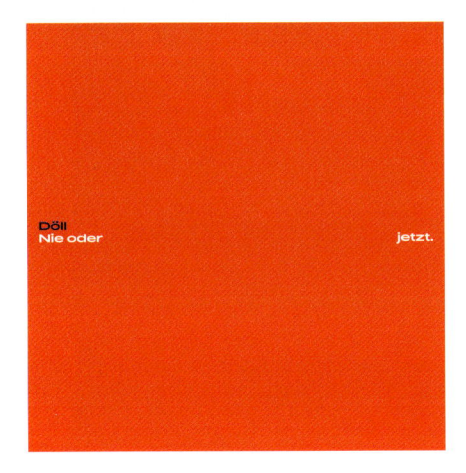

Limited Edition

Das Debütalbum „Nie oder jetzt." von Döll hatte eine Dringlichkeit – für ihn und für alle, die seit der „Weit entfernt"-EP (2014) auf ein Album gewartet hatten.

Die Signalfarbe Rot unterstreicht das. Dabei beruhte die Farbgebung nicht auf einer bewussten Entscheidung, obwohl das Album inhaltlich definitiv einen roten Faden verfolgt. Als es um das Artwork ging, besuchte Döll den Fotografen Robert Winter in Köln. Der wiederum hatte die Möglichkeit, den Club Bahnhof Ehrenfeld zu nutzen. Gemeinsam arbeiteten sie mit dem, das sie dort vorfanden, und machten einige Fotos in verschiedenen Posen und Lichtstimmungen.

Döll eröffnete mit dem Album vielen Leuten in seinem Umfeld erst den Zugang zu seinem emotionalen Sumpf und der Spielsucht, die ihn fast zerstört hat. Entsprechend war eine Spielothek-Optik das letzte, das der Rapper auf seinem Cover haben wollte. Er war emotional zu der Zeit noch zu nah an der Problematik dran und brauchte den größtmöglichen Abstand dazu. Gleichzeitig wollte er das Thema nicht romantisieren und sich damit profilieren. Es wurde also viel ausprobiert und noch mehr gesprochen. Doch am Ende entschieden sich Döll und Robert Winter gemeinsam mit dem Grafiker Joel Carneiro für die roten Fotos. Diese Optik nutzten sie später für das Musikvideo zu „Für den Fall". Das Coverfoto von Markus Weicker zeigt den Rapper in einer ähnlichen Pose wie schon auf dem „Weit entfernt"-Cover, das ebenfalls Joel Carneiro gestaltet hatte. Das „Nie oder jetzt"-Artwork wirkt wie eine Fortführung davon.

Döll selbst sieht es so: Er habe die dunkle Seite aus dem „Ich und mein Bruder"-Cover übernommen, Mädness führe mit „OG" (Seite 169) die helle Seite fort. Relativ schnell war klar, dass es eine Limited Edition der Vinyl geben soll. Mit der komplett roten Hülle und der ebenfalls roten Vinyl spitzen sie die Signalwirkung des eigentlichen Covers noch zu. Auf der Hülle selbst ist nur der Künstlername zu lesen. Auf der transparenten Kunststoffhülle drumherum steht der Albumtitel. Die visuelle Trennung der Worte „Nie oder" und „jetzt" unterstreicht dabei eben genau den Jetzt-oder-nie-Moment, den Döll mit diesem Album fühlte. Er stand auf der Kippe und wusste, er muss sich aus dieser Situation herauskämpfen, oder er fällt.

Mit freundlicher Genehmigung von Urban Tree Music.

STORY OF A STRANGER
YAEL

Kunst inspiriert Kunst. Das Debütalbum „Story of a stranger" von YAEL liefert dafür das perfekte Beispiel. Die Musikerin wollte für das Cover sehr gerne mit einer Künstlerin arbeiten, da sie bei den beiden Releases davor die Cover noch selbst entworfen hatte. Über einen gemeinsamen Freund lernte sie Magdalena Paz kennen.

YAEL besuchte sie in ihrem Atelier und war direkt begeistert von ihrer modernen Kunst. Die beiden unterhielten sich zuerst über alles mögliche. Kurz darauf hörten sie gemeinsam in das Album. In ihren Gesprächen ging es eher um das Gefühl, das die Musik vermittelt, als um die einzelnen Worte in den Texten. Der Musikerin war es besonders wichtig, dass die Malerin sich und ihren Stil ausleben kann und nicht eine reine Auftragsarbeit ausführt. Gleichzeitig sollte das gewünschte Artwork zeitlos sein und den Inhalt zusammenfassen.

Magdalena Paz begann mit einer analogen Bleistiftskizze, und sie einigten sich auf erdige, warme Töne, da das Cover nicht zu unruhig aussehen sollte. Die Malerin führte ihren Entwurf mit Aquarellfarben aus und scannte das Ergebnis ein. Das endgültige Design entstand digital anhand des Scans.

Die Rapperin schätzt an Malereien vor allem, dass jede:r immer eine eigene Bedeutung finden kann und es nie nur eine einzige Lösung gibt. Deshalb möchte sie ihre Interpretation des Covers auch nicht genauer ausführen. Im Interview erzählt sie aber, beide Personen auf dem Cover stellten sie selbst dar. Es gehe um persönliche Widersprüche, mit denen sie zu der Zeit kämpfte.

Auch um dem Bild genug Raum und Wirkung zu lassen, verzichteten sie bewusst auf Albumtitel oder YAELs Namen.

Magdalena erzählt, dass es aus ihrer Sicht in diesem Bild um Leid und Wachstum, aber auch um Antrieb und Ego gehe. Ein besonderes Augenmerk legte sie auf den Ausdruck der Hände. Diese erscheinen irgendwie in der Verzweiflung gefangen und gleichzeitig im Frieden vereint.

YAELs Wunsch, dass eine Künstlerin ihre Kunst interpretieren solle, wurde hier auf eine besonders sensible Art und Weise umgesetzt.

> *Wir haben viel mehr über die Musik connectet als über den lyrischen Inhalt.*
>
> – YAEL

Artwork: Magdalena Paz

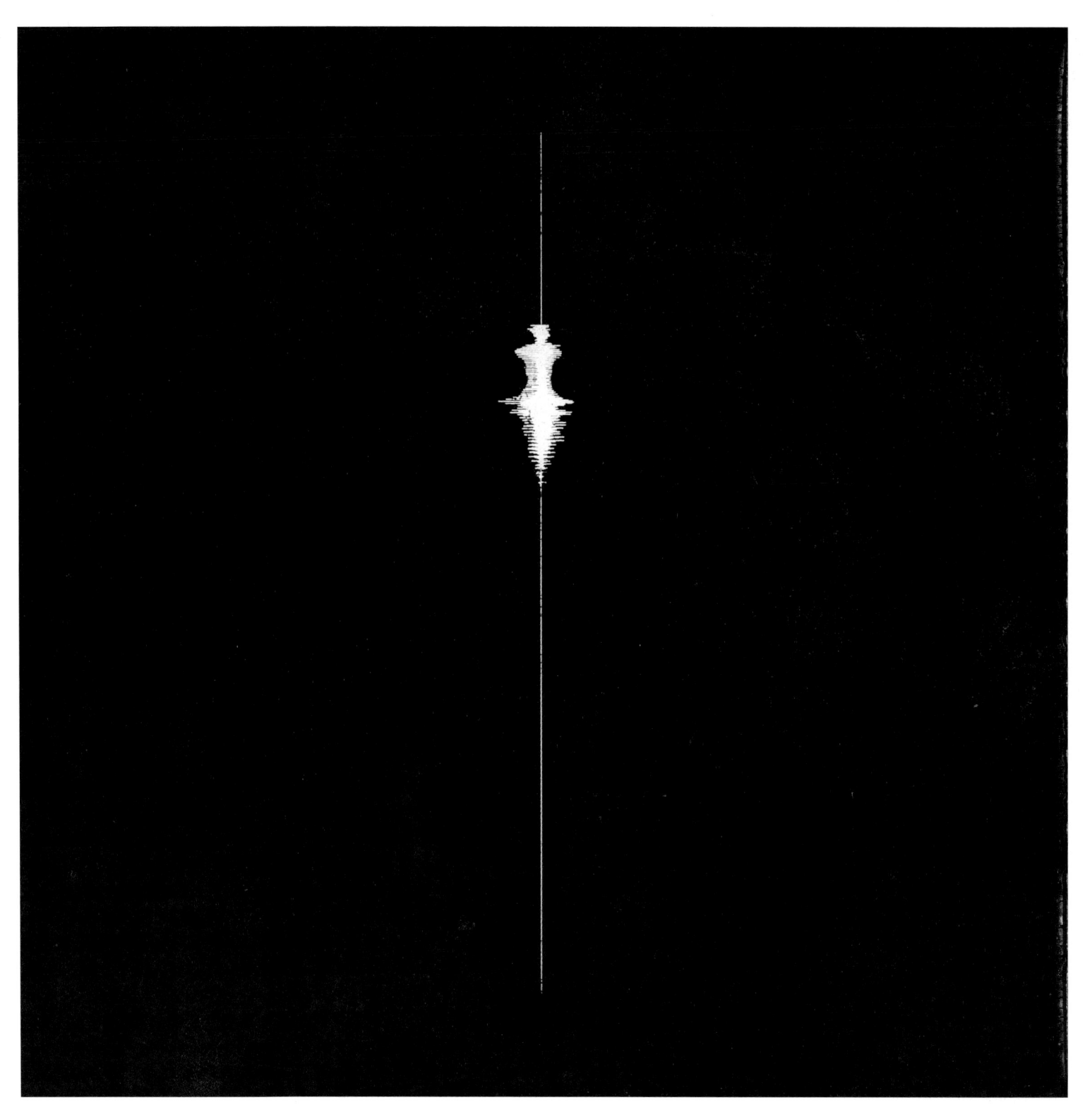

Mit freundlicher Genehmigung von Chimperator.

TUA
TUA

Artwork: zrkls

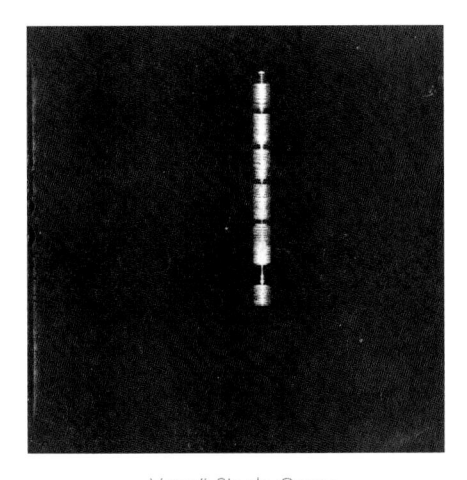

„Vater"-Single-Cover

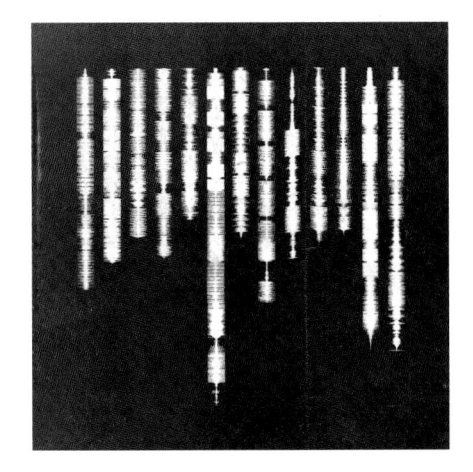

Erste Cover-Version

Tua ist Rapper, Sänger und Producer mit einer großen Schwäche für Field-Recording. Seine Bildwelt ist schon seit seinem ersten Album „Grau" schwarz-weiß, melancholisch und minimalistisch. Die Tonspurthematik des „Tua"-Covers zeigt somit eine gelungene Querverbindung zu der Arbeit, die er ständig vor Augen hat, und dem gewohnten Minimalismus.

Laut dem Musiker war der Grundgedanke bei diesem Artwork, dass die Musik für sich spricht. Anfangs sollten auf dem Cover noch alle Tonspuren der einzelnen Songs nebeneinander abgebildet sein. Doch da zu der Zeit noch nicht sämtliche finalen Songlängen feststanden, wurde die Idee abgewandelt. Ein Song über sechs Minuten hat demnach eine deutlich längere Tonspur als die restlichen Tracks und würde am Ende eher für ein unruhiges Bild sorgen. Außerdem lag diese Idee zu nah an einer Inspiration, die Tua und der Chimperator-Art Director zrkls zu Beginn der Arbeit gesehen hatten.

Doch noch in der Phase der vielen Tonspuren entstanden die Cover zu den ersten Singles. An der Position der jeweiligen Einzelspur lässt sich noch erkennen, an welcher Stelle des Albums der betreffende Track platziert ist. Für das finale Artwork entschieden sich Tua und der Art Director gemeinsam für die schlichte Variante mit nur einer Tonspur, die aus dem Einsprechen des Worts „Tua" hervorging.

Der Art Director hatte die Idee, das Backcover grafisch an die Front anzupassen und die Tonspur-Thematik konsequent durchzuziehen. Deshalb sind nicht nur die einzelnen Songtitel, sondern auch die Credits und sogar der Barcode als Tonspuren dargestellt. Bei der Vinyl-Version wurde alles eingesprochen und anschließend die Spuren der Worte abgebildet, während bei der CD-Version die echten Spuren der Songs dargestellt sind. Die unterschiedlichen Tracklängen wurden durch die gerade Verlängerung optisch ausgeglichen. Natürlich ist das so nicht leserlich, doch die Infos finden sich als Text im CD- und Vinyl-Booklet sowie auf dem T-Shirt, das der Box beilag. Die Ursprungsidee der Unterwasserfotografien von Nico Wöhrle als Covermotiv ist teilweise im Booklet zu sehen.

Die „Tua"-Tonspur wurde für die Tour aus Plexiglas gestanzt und dient als minimalistisches Bühnenbild. Bei den Track by Track-Videos tauchte das grafische Element immer wieder auf und verdeutlichte auch in animierter Form den optischen Zusammenhang zum Album.

FRAUEN AUF COVERN – WIE WERDEN SIE DARGESTELLT UND WIE STELLEN SIE SICH SELBST DAR?

TEXT VON KRISTINA SCHEUNER, STELLVERTRETENDE CHEFREDAKTEURIN MZEE.COM

Das Cover einer Platte lässt sich mit einem Wahlplakat vergleichen. Beim ersten Hören scheint diese Parallele ein wenig absurd zu klingen, oder? Doch egal, ob ein Artist darauf beispielsweise portraitiert oder illustriert dargestellt wird, in einer bestimmten Art und Weise soll das Cover den Inhalt oder zumindest die Stimmung des Werkes widerspiegeln. Das ist auch möglich, wenn ein Künstler nicht selbst abgebildet ist, sondern etwas abbilden lässt. Ähnlich verhält es sich auch bei einem Wahlplakat, bei dem die Inhalte einer Partei für die Wähler durch einen Politiker abgebildet werden. Ein Wahlplakat setzt sich zusammen aus entsprechenden Bildern, Farben, Wortwahl oder Sprache und Typografie – so weit hergeholt erscheint dieser Vergleich also nicht, aber selbstverständlich existieren Unterschiede. Interessant ist in beiden Fällen vor allem die Abbildung von weiblichen Protagonistinnen. Denken wir an Wahlplakate von konservativen Parteien, so wird uns ein entsprechend stereotypes Auftreten von Frauen auffallen. Wenn wir an progressive Parteien auf Stimmenfang denken, so sehen wir Frauen mit Migrationshintergrund in Führungspositionen. Im Hinterkopf bleibt dabei aber auch, dass Frauen in der Politik (zum Glück) keine Seltenheit mehr sind, dass die Parteien jedoch mehr mit männlichen Politikern werben. Auch die Zahlen an Sitzen in den Parlamenten dieses Landes lassen darauf schließen, dass die Politik ähnlich wie die Rapszene eine Männerdomäne ist. Selbst wenn Rapperinnen seit jeher präsent waren und Musik veröffentlicht haben, so mussten sie sich über die letzten Jahrzehnte hinweg einen Platz in dieser Musikbranche erkämpfen. Ihre untergeordnete Rolle basiert vor allem auf einem veralteten Frauenbild, welches durch (sexualisierte) Texte innerhalb des Raps nach außen getragen wurde und sich verkaufen ließ. Und es noch tut. In den 2000er Jahren unterstützen dies entsprechende Bilder von männlichen Rappern, die sich umgarnt von vielen Frauen in wenig Kleidung präsentieren. Ich denke, wir alle haben bestimmte Musikvideos, die bei MTV rauf und runter liefen, im Kopf.

Männlich oder weiblich, Politik oder Rap – in beiden Fällen wird versucht, Menschen zu überzeugen, zu animieren, etwas zu wählen, zu kaufen oder es sich anzuhören. Die Abbildung von Personen spielt dabei eine entsprechende Rolle, die auf den Konsumenten wirkt. Das funktioniert auch ganz ohne ein physisches Exemplar der Musik, denn Tracks oder Alben werden nicht nur über Social Media entsprechend von der Seite der Künstler beworben, sondern Cover sind auch präsent bei Streamingdiensten. Doch wie verhält es sich bei der Form der Darstellung von

Frauen genau? Wie werden sie dargestellt? Und wie stellen sie sich selbst auf Covern dar?

Über die Darstellung der Frau im Rap könnte man ganze wissenschaftliche Abhandlungen schreiben. Thematisch angepasst auf das Buch beschäftigt sich dieser Gastbeitrag mit Covern im deutschen Rap. Anzumerken ist, dass die Aspekte der Bildbearbeitung und der Zusammensetzung zwischen Bild und Typografie zwar keinerlei Erwähnung im Nachfolgenden finden werden, aber durchaus weitere interessante Ansätze bieten. Allgemein ist festzuhalten, dass ein Bild in seiner Interpretation sehr offen ist. Was ich in einem Albumcover sehe, kann ein anderer mit einem anderen Wissen oder Blickwinkel entsprechend anders deuten. Gerade bei den Abbildungen von Personen existieren dennoch Übereinkünfte in der Deutung, die sich vor allem auf Mimik, Gestik und Körperhaltung beziehen. Allein die Darstellungsform ist nicht zu unterschätzen: Eine Illustration oder Fotografie, der gewählte Bildausschnitt und die Perspektive, die Positionierung der abgebildeten Person sowie die Ausschnitte von Körper und Gesicht, aber auch Blickrichtung, Kleidungsmerkmale, Bewegung, Gegenstände und der eingenommene Raum sind von Bedeutung. Hierbei wird deutlich, dass ein direkter Vergleich zwischen Covern, auf denen Frauen dargestellt werden, und solchen, auf denen sie sich selbst darstellen, nicht ideal erscheint. Der Grund dafür ist so simpel wie logisch: Es existiert ein Unterschied, wie eine Frau in ihrer Berufung als Künstlerin auf ihrem Cover und wie eine Frau auf dem Cover eines männlichen Künstlers dargestellt wird. An dieser Stelle muss auch deutlich hervorgehoben werden, dass Albencover immer eine Art der (Selbst-)Inszenierung sind, da es sich in den seltensten Fällen um einen spontanen Schnappschuss handelt, sondern viel eher um ein geplantes Fotoshooting und eine Auftragsarbeit, um die Protagonisten in Szene zu setzen. Anders verhält es sich jedoch, wenn männliche Rapper Frauen für ihr Cover auswählen, denn dadurch wird die Frau eine Art „Mittel zum Zweck", um den Künstler und sein Schaffen in Szene zu setzen.

Wie werden sie dargestellt?
Die männliche Dominanz in der Rap-Szene legt die These nahe, dass Frauen auf Albencovern als eine Art Accessoire dienen. Dieser Gedanke basiert vor allem auf den eingangs erwähnten Darstellungen, in denen Frauen als Objekte wie beispielsweise in Musikvideos abgebildet wurden. Oder werden sie das noch? Wird vielleicht sogar vehement mit Stereotypen gespielt? Eine nicht abzustreitende Gemeinsamkeit zwischen der Frage, wie Frauen sich darstellen, und wie sie dargestellt werden, ist das gepflegte, stellenweise geschminkte Äußere aller abgebildeten weiblichen Protagonistinnen, wodurch das Erscheinungsbild als zurechtgemacht zu definieren ist.

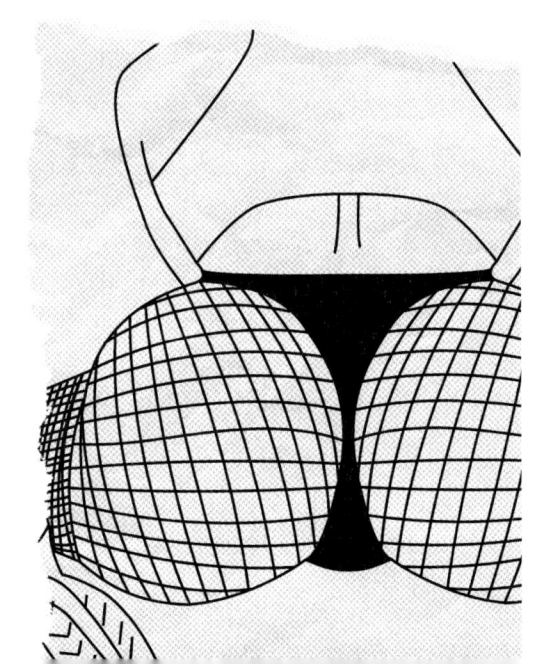

Wirft man einen Blick auf die Darstellung von Frauen bei Albencovern, fällt auf: Die abgebildete weibliche Person befindet sich stets im zentralen Fokus des Werkes. Dabei ist es ganz unabhängig davon, ob sie selbst in die Kamera blickend zu sehen ist (K.I.Z – „Rap über Hass"), ein Detail ihres Körpers dargestellt wird (Plusmacher und Finch Asozial – „Plattenbauromantik") oder sie Teil eines Handlungsablaufes ist (Casper – „Hinterland"). Auffällig ist, dass Frauen nicht ausschließlich alleine als Coverbild, sondern auch in Kombination mit einer weiteren oder mehreren männlichen Personen zu sehen sind. Interessant wird dieser Umstand vor allem, wenn männliche Personen Frauen berühren, denn der Umgang zwischen den Abgebildeten kann auf ein Machtverhältnis hindeuten. Zum einen ist es entscheidend, wer wen wo berührt und zum anderen auch, wer sich wie und von wem an welcher Stelle berühren lässt. Dominanz wird aber nicht nur durch Berührung ausgestrahlt, sondern auch durch die Größenverhältnisse sowie Kleidungsmerkmale. So wird eine entsprechende Überlegenheit deutlich durch eine Körpergröße, bei der ein männlicher Protagonist sichtbar größer dargestellt wird oder erscheint. Weiter noch lassen bestimmte Kleidungsstile die dargestellten Personen als besonders männlich und unter Umständen auch als bedrohlich wirken wie beispielsweise dunkle Kleidung, die eine Vermummung abrundet, wodurch sich bestimmte Rückschlüsse auf Intentionen ziehen lassen können (Bosca – „Solang es schlägt"). Auch der gezielte Einsatz von Reizen spielt eine Rolle: Eine wenig bekleidete Protagonistin steht vielleicht über der hockenden männlichen Person, allerdings dominieren das Bild seine Berührung sowie seine komplette Abbildung, während ihre sich lediglich auf den unteren Teil ihres Körpers reduziert, wodurch sie anonymisiert wird (Yung Hurn – „Y"). Allgemein lässt sich sagen, dass man Ganzkörperaufnahmen, bei denen Frauen komplett abgebildet werden, zwar nicht vergebens sucht, diese aber eine Seltenheit darstellen. Hingegen ist es üblich, dass eine Portraitperspektive eingenommen wird, und noch gängiger, dass ein Halten oder Zeigen von etwas sichtbar wird.

Dies kann zum einen ein Zeichen wie ein Buchstabe (Bushido & Shindy – „Classic") oder eine entsprechende Handbewegung (Die Orsons – „Das Chaos und die Ordnung"), die auf etwas hindeuten sollen. In diesen Fällen wird vom zentralen Bildausschnitt weggeführt, wodurch die abgebildete Frau in den Hintergrund rückt. Gespielt wird an dieser Stelle bewusst auch mit gesellschaftlich akzeptierten und tolerierten Schönheitsidealen und Klischees, sodass Körperteile provokant in Szene gesetzt werden – auf Aktion folgt eben Reaktion. Diese Aspekte lassen Rückschlüsse darauf ziehen, dass weibliche Personen als eine Art Accessoire dienen, um etwas zu präsentieren. Und sei es durch Provokation.

Wie stellen sie sich selbst dar?

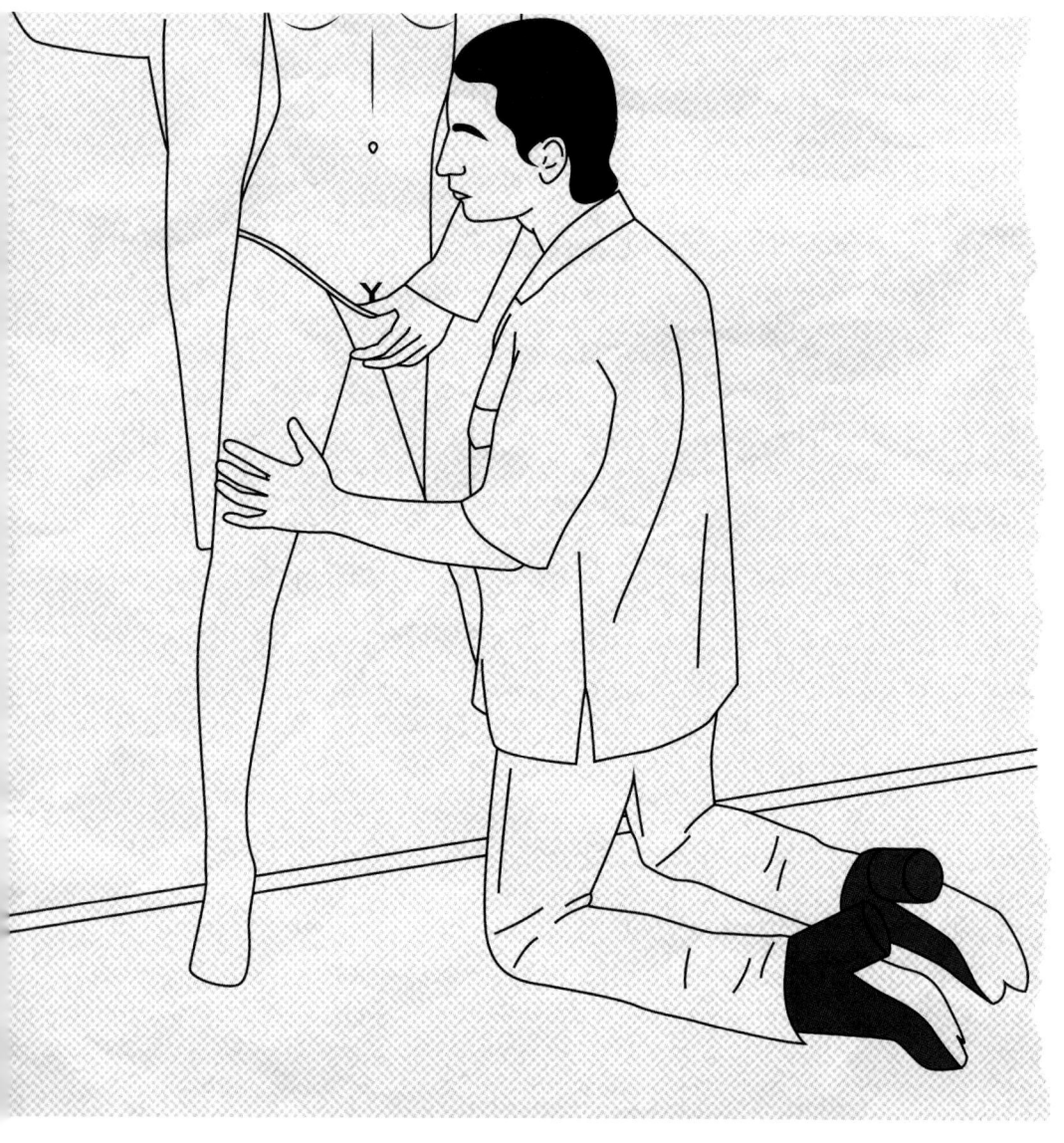

Eine grundlegende Gemeinsamkeit bei der Darstellung von Frauen auf Covern ist die gerade Blickrichtung. Egal, ob es sich um eine Ganzkörperaufnahme (Schwester Ewa – „Aywa") oder ein Portrait (Sabrina Setlur – „Die neue S-Klasse") handelt – der Blick zielt auf den Betrachter des Covers, was als Zeichen von Stärke und Dominanz wahrgenommen werden kann. Es ist schlichtweg nicht möglich, diesem Blick zu entweichen. Viel eher wirkt dieser sogar durchdringend, sodass dieser Effekt selbst mit einem geneigten Kopf (Loredana – „King Lori") oder einem Lächeln (Melbeatz – „Rapper's Delight" (Seite 67)) entsteht. Verstärkt wird das vor allem, wenn das Gesicht durch den Bildausschnitt in den Vordergrund gerückt wird, was die Künstlerin zusätzlich ehrgeizig und zielstrebig wirken lässt.

In wenigen Fällen weichen Künstlerinnen der Blickrichtung aus und wenn, dann sind die Augen verschlossen (Juju – „Bling Bling") oder der Kopf ist komplett zur Seite gedreht (badmómzjay – „badmómz." (Seite 195)). Hier kommt es zu weiteren entscheidenden Komponenten: Die bewusste Raumeinnahme durch den Fokus auf die abgebildete Person, die so präsent dargestellt wird, lässt Rückschlüsse auf Macht ziehen, denn die Künstlerinnen nehmen den Raum ein, der ihnen gebührt. Selbst wenn wie in den angeführten Beispielen das Anfassen von bestimmten Körperteilen eigentlich ein Zeichen von Scheu ist und somit für eine Unterordnung steht, wirkt es hier eher wie ein Teil einer aktiven Bewegung (etwa die Kleidung während des Laufens zurechtrücken). Diese Dynamik, kombiniert mit einer geraden und aufrechten Haltung sowie einem stabilen Stand, kann ebenfalls als dominant und aktiv wahrgenommen werden. Generell ist vor allem die Mimik nicht zu unterschätzen, da diese einen entscheidenden Faktor in der Wirkung des Covers darstellt. Erwähnenswert ist an dieser Stelle vor allem, dass Künstlerinnen nur selten lachen oder lächeln. Ein noch so kleines Lächeln lässt sich in diesem Zusammenhang nicht gleichsetzen mit einem selbstsicheren Gesichtsausdruck, der entsprechende Stärke statt Unsicherheit ausstrahlt (Cora E. – CORAgE).

Nicht außen vor zu lassen ist auch die weibliche Selbstbestimmung, die sich auf Covern wiederfindet: Ganzkörperaufnahmen, in denen Teile des eigenen Körpers mal mehr oder weniger bedeckt sind. Selbst wenn Haltung und Position dabei zwischen liegend bedeckt von Geldscheinen (Schwester Ewa – „Aywa"), im Profil sitzend, die Beine überkreuzt vor ihren Brüsten (Shirin David – „Supersize") und stehend im Bikini als Pappaufsteller auf dem Wasser treibend (Hayiti – „Perroquet") variieren, wird deutlich, dass mit einem visuellen Reiz gespielt wird, welcher beim Betrachter eine Emotion auslöst. Welche das genau ist, ist jedem selbst überlassen. Durch den direkten Blick der Künstlerinnen in die Kamera wird diese Emotion allerdings verstärkt, sodass die betrachtende Person vermeintlich anvisiert wird. Auch eine leichte Öffnung des Mundes ist bei allen drei Aufnahmen zu bemerken.

Die Beispiele wirken stark und direkt – ganz plakativ gesprochen, werden körperliche Vorzüge in Szene gesetzt, was sich auch als Provokation werten lassen könnte. Das gesellschaftliche Tabu, sich als Frau derart freizügig zu präsentieren, würde in diesem Falle über der eigenen Selbstbestimmung stehen. Daraus ließe sich schließen, dass der weibliche Körper als Inszenierung eingesetzt wird, um ein Spiel mit Reizen zu begünstigen, beispielsweise auch, um einer Marketingstrategie zu folgen.

Diese These lässt ganz klar einen feministischen Aspekt außen vor: Es geht dabei nicht darum, anderen zu gefallen und durch die Inszenierung des eigenen Körpers mehr Streams oder verkaufte Platten einzuheimsen. Und auch nicht darum, zu zeigen, was man hat. Viel eher geht es darum, selbstbestimmt zu agieren, sich einer Objektifizierung zu entziehen und sich die Freiheit zu nehmen, das zu zeigen, was man zeigen möchte (oder eben auch nicht möchte) – getreu dem Motto „my body, my choice". Weiter lässt sich dies sogar als Protestform werten, in der eine entsprechende Geschlechterrolle genauso wenig Platz hat wie ein Stereotyp. Gesellschaftliche Tabus können demnach aufgebrochen werden, um entsprechend auf Inhalte und Strukturen einwirken zu können. Die nicht vorhandene oder minimale Bekleidung kann als Provokation aufgefasst werden, aber am Ende des Tages darf man eine Sache nicht vergessen: Es geht dabei auch um Kunst.

Mit freundlicher Genehmigung von TeamFuckSleep.

600 TAGE
SIERRA KIDD

> *Ich habe den Drang nach Anonymität, aber habe das Gefühl, dass ich das durch die Tattoos nie wieder erreichen kann.*
>
> – SIERRA KIDD

Artwork: Sierra Kidd

Das Cover zu „600 TAGE" zeigt ein Selfie, das entstand, als Sierra Kidd für einen Merchartikel einen der Prototypen der Sturmmasken anprobiert hat. Als eins von wenigen Artworks in Sierra Kidds Musikerlaufbahn ziert dieses ein Foto von ihm. Denn er schaut sich selbst nicht gerne an und versucht, Fotoshootings so zu gestalten, dass sie genügend Aufnahmen abwerfen, dass er ein Jahr davon zehren kann.

Laut dem Musiker entstehen seine Cover als Folge intuitiver Entscheidungen, die er alle – abgesehen vom „Rest In Peace"- Artwork – selbst am iPad gestaltet hat.

Die Skimaske auf dem „600 TAGE"-Cover ist ein Widerspruch in sich: Auf der einen Seite dient so eine Maske dazu, das Gesicht zu maskieren und einem eine gewisse Anonymität zu geben. Auf der anderen Seite sind auf der Maske fast alle Gesichtstattoos des Musikers eingestickt, sodass man ihn klar wiedererkennt. Mit den Tätowierungen wollte sich der Künstler damals selbst zerstören und gleichzeitig zeigen, dass niemand außer ihm selbst ihn brechen kann. Doch trotzdem handelt es sich nicht nur um schmückende Elemente, sondern die Motive haben auch individuelle Bedeutungen für ihn. Das rote Herz unter seinem Auge ließ er sich stechen, nachdem eine Barista ihn auf seine Tattoos ansprach und zu ihm meinte, dass er nie hart aussehen werde. Das wollte er nie, das sollte das Herz verdeutlichen. Auf seiner Stirn ist das dritte Auge verewigt, das ist für die Kommunikation mit dem eigenen Bewusstsein von großer Bedeutung. Der Mond stellte früher für Sierra Kidd auf dem nächtlichen Nachhauseweg eine wichtige Konstante dar, die ihm Sicherheit gab. Über seiner Augenbraue ist „TFS" gestochen. Das steht für sein 2015 gegründetes Label „TeamFuck-Sleep" und war auch lange Zeit seine Lebenseinstellung. Neben dem Dolch an seiner Schläfe steht „OTF", die Abkürzung für „Only The Family" und macht deutlich, wie wichtig ihm seine Familie ist. Doch auf ein Tattoo verzichtete er auf der Maske: Das Geldbündel auf der Stirn. Er identifiziert sich nicht mehr mit dem Motiv und möchte lieber Liebe statt Geld promoten. Auch die weiße Farbe wählte er nicht zufällig, sondern sie vermittelt ein positiveres Bild als ein Cover mit einer schwarzen Maske. Sierra Kidd schaut nach vorne und möchte, dass die Cover seine Musik richtig widerspiegeln.

2021

Mit freundlicher Genehmigung von Warner Music Central Europe.

FOUR SEASONS
MONET192

Da der Musiker Monet192 kein großer Fan davon ist, fotografiert zu werden, und er sowieso etwas Künstlerisches wollte, war schnell klar, dass auf seinem Cover kein typisches Pressefoto landen wird.

Der Albumtitel „Four Seasons" stand schon früh fest. Doch er bezieht sich damit nicht auf das Hotel „Vier Jahreszeiten", sondern auf das Musikstück „Die vier Jahreszeiten" vom Komponisten Vivaldi. Zu Beginn des Songs „One Shot" ist deshalb ein Sample daraus zu hören.

Der Rapper schätzte die Arbeiten des Designers Orfeo Lanz schon lange und nahm über seinen Manager direkten Kontakt zu ihm auf. Dieser hatte Lust, das Cover umzusetzen, und so tauschten die beiden Ideen aus. Anfangs überlegten sie, die vier Jahreszeiten abzubilden oder sich an Gemälden von Claude Monet zu orientieren, um die Verbindung zum Namen des Rappers zu verdeutlichen. Doch im Laufe des Brainstormings kam der Gedanke auf, vier Emotionen mit vier Köpfen oder Gesichtsausdrücken darzustellen. Dabei standen sie vor der Frage: Welche vier Emotionen lassen sich visuell klar erkennbar darstellen? Die beiden Kreativen kamen auf überrascht, wütend, freudig und traurig.

Aufgrund des Zeitdrucks konnte keine echte Skulptur gefertigt werden, stattdessen nutzten sie einen 3D-Scanner. Doch das führte nicht zum gewünschten Ergebnis. Durch Zufall fanden sie jemanden, der eine Maschine hatte, die bei Ausgrabungen verwendet wird und die gefundenen Stücke digitalisiert. Als sie mit diesem Gerät Monet192 mit seinen verschiedenen Mimiken fotografiert hatten, waren sie vom Resultat begeistert. So hatten sie Aufnahmen des Rappers aus allen Perspektiven. Orfeo bereitete die Bilder in Cinema 4D und Photoshop auf und setzte sie zu einer Skulptur zusammen.

Um zu verdeutlichen, dass „Four Seasons" kein Klassik-Album ist, wurde der Name auf die Skulptur getaggt. Das übernahm der Designer Pablo Genoux, mit dem Orfeo Lanz gemeinsam die Design-Agency Studio Bureau hat.

Für die Box zum Album nutzten sie die 3D-Fotos komplett und die Darstellung der Four Seasons-Statue kann im Rundumblick wie in einem Glaskasten aus allen Perspektiven betrachtet werden.

Der Punkt ist, wenn du etwas in dieser Szene rausgibst, dann muss es auch Hip Hop bleiben.

— MONET192

Artwork: Orfeo Lanz

Mit freundlicher Genehmigung von CORN DAWG RECORDS.

BUGTAPE

DISSY

Artwork: Philipp „Füffi" Weltring

bugtape side a

bugtape side b

Aus den EPs „bugtape side a" und „bugtape side b" das Album „bugtape" zu machen, war nicht von Anfang an geplant. Dissy hatte eine Ansammlung von Tracks und wollte diese über zwei EPs strecken.

Auch ein durchdachtes Konzept gab es zur Zeit von „bugtape side a" noch nicht. Als die ersten Songs erschienen, wusste niemand, wie alles am Ende klingen wird. Der Fokus des ersten EP-Covers lag auf dem „Psychoblick" von Dissy, der auch einen Track auf der EP bekommen hat. Das Foto dafür entstand in einer Session mit dem befreundeten Fotografen Fritz und einer 3D-Kamera. Obwohl es einige Pressefotos gab, passten Schnappschüsse besser zu den Songs. Als feststand, dass „bugtape side b" erscheinen soll, wusste Dissy sofort, dass er ein Kinderfoto verwenden wollte. Dieses Bild macht deutlich: Er hatte schon als Kind diesen markanten, durchdringenden Blick.

Für den Grafiker Philipp Weltring ist es besonders wichtig, dass er die Musik schon kennt, bevor er mit dem Artwork anfängt, damit er die Stimmung visuell einfangen kann. Die Schrift bei „bugtape" sollte roh und dreckig aussehen, da alles andere nicht zum Sound gepasst hätte. Philipp kritzelte herum und versuchte, so die passende Schrift zu entwickeln. Dabei hatte er unter anderem den Font, der im Inlay vom „Bad Vibes Forever"-Album von XXXTentation Verwendung fand, vor Augen, denn dieser gefiel beiden besonders.

Das Album „bugtape" fasst die zwei EPs zusammen und bekam ein Cover, das die Bug-Thematik aufgreift. Den Käfer zeichnete Philipp, doch er basiert auf einer Kritzelei von Dissy. So entsteht eine Brücke zum ersten Release, da auch auf dem „Pestizid"-Cover aus 2014 schon ein Käfer abgebildet war. Diesen malte damals Johannes Fuchs. Um der CD einen Mehrwert mitzugeben, wurde die Fläche des Booklets genutzt. Sie eröffnet einen Blick auf den kreativen Prozess des Rappers. Dieser visualisierte der Grafiker mit Skizzen und Snapshots, damit der Eindruck entsteht, man werfe einen Blick auf Dissys Schreibtisch.

Obwohl zum Release der ersten Songs noch nicht einmal feststand, in welcher Weise die Singles erscheinen, entstand am Ende ein Release, das optisch so gut zusammenpasst, als hätten Dissy und Philipp von Beginn an einen ausgeklügelten Masterplan gehabt.

badmómz.

Mit freundlicher Genehmigung von Universal Music.

BADMOMZ.

BADMÓMZJAY

Wenn man an badmómzjay denkt, dann denkt man an die Farbe Rot. Abgesehen von ihren roten Haaren sind auch rote Outfits und Details immer wiederkehrende Elemente in ihren Fotos und Musikvideos. So verwundert es nicht, dass das Cover ihres Debütalbums „badmómz." ebenfalls in dieser Farbe gehalten ist.

Das Foto, auf dem das Artwork basiert, entstand beim Videodreh zum Titelsong „badmómz". Dabei war der gar nicht als Covershooting geplant. Dennoch warf der Dreh etliche Bilder ab. Als die Rapperin diese später sah, beeindruckte sie eine Aufnahme besonders. Anfangs war sie nur als Platzhalter für das Cover gedacht und sollte später ausgetauscht werden. Nach einer Weile stand für alle im Team jedoch fest: Dieses Foto repräsentiert das Album perfekt.

badmómzjay benötigt keinen großen Wirbel und viel um sich herum. Die Rapperin steht souverän und ruhig im Dunklen. Dabei blickt sie selbstsicher ins Licht – und so symbolisch in eine strahlende Zukunft. „Komm' von ganz unten mit 'nem Batz Schulden. Da, wo vor dem Komma keine Stellen waren." *(badmómjay auf „badmómz")*

Somit beschreibt das Coverfoto ihr Aufwachsen sowie ihren Weg bis zum Debütalbum sehr treffend. Doch badmómjay geht es wie vielen von uns: Sie weiß auf Fotos manchmal nicht, wohin mit ihren Händen. So auch in diesem Fall. Deshalb hat sie ihre Daumen in den Hosenbund gesteckt. Die Finger mit den langen Nägeln liegen flach auf ihrem Bauch. Abgesehen davon, dass Schwangere, also werdende „Momz", ihre Hände so halten, ist es auch eine typische Handhaltung von Angela Merkel, die in der Presse auch gerne als „Mutti" bezeichnet wird. So ist eigentlich aus Hilflosigkeit heraus eine zufällige Geste festgehalten worden, die keinen besonderen Grund hatte und trotzdem treffende Assoziationen zulässt.

Das Team überlegte, ob man das Bild aufgrund der Geste gegen ein anderes aus dem Shooting austauschen solle, um nicht mit Unterstellungen konfrontiert zu werden. Doch keins der anderen Fotos hatte einen ähnlich ausdrucksstarken Vibe. So entstand durch Zufall ein Coverfoto, das passender nicht hätte geraten können.

> *Anfangs war das Foto nur ein Platzhalter und wir dachten, dass wir das später ändern.*
>
> – BADMÓMZJAY

Fotografie: Martin Eklund

Mit freundlicher Genehmigung von 27BUCKS.

3:00
AHZUMJOT

> *Es gibt keinen, der ein Cover, ein Musikvideo und das ganze Visuelle nicht wichtig findet. Unterbewusst nimmt man das alles wahr. Man kann es vielleicht nicht ausdrücken, aber man nimmst es wahr.*
>
> — AHZUMJOT

Artwork: 27BUCKS

Ahzumjot und 27BUCKS arbeiten schon lange und eng zusammen. Somit kennen sie sich beide gut und wissen, worauf es dem jeweils anderen ankommt. Der Art Director ist deshalb schon sehr früh im Albumentstehungsprozess involviert.

Da 27BUCKS nicht nur das Cover gestaltet, sondern die komplette Album-Art Direktion übernimmt, ist er auch für die Videokonzepte, Merchandise und alles weitere Visuelle zuständig. So entsteht ein allumfassender optischer Rahmen. Zu Beginn hört er die entstandenen Songs und führt viele Gespräche mit Ahzumjot, damit er weiß, welche Vision der Musiker hat. Es geht dabei vor allem darum, alle Informationen aufzusaugen, um ein Gespür für die Albumwelt zu bekommen. Bei „3:00" waren gerade diese Gespräche besonders wichtig, denn der Musiker arbeitet viele persönliche Themen auf, klingt positiver als bei den vorherigen Releases, und lässt die Zuhörenden nahe an sich heran. Dieser Mix muss auch visuell eingefangen werden. Die Zeitangabe 3 Uhr nachts spielt dabei nicht nur wegen des Albumtitels eine wichtige Rolle. Ahzumjot betrachtet sie als die Übergangszeit zwischen Nacht und Tag, eine Zeit der kompletten inneren und äußeren Ruhe. Oder, wie er selbst rappt: „Immer wieder, wenn es Nacht ist, spür' ich kein'n Druck." *(Ahzumjot auf „3:00")* Das Album markiert für ihn einen Übergang von einer persönlichen Phase zu einer neuen.

Diese Stimmung übersetzte 27BUCKS in eine zusammenhängende Welt. Wie auch bei den vorherigen Releases, wollte Ahzumjot kein Foto, das ihn klar und aus der Nähe zeigt, da die Songs schon nah genug an ihm dran sind, und obwohl es um eine nächtliche Uhrzeit geht, sollte es kein düsteres Cover werden.

Seine Arme schützen den Kopf, und trotzdem richtet er den Blick furchtlos in die Kamera. Die Pose zitiert Denzel Washington, wie er auf dem „Interview"-Magazin-Cover zu sehen war. Der blaue Hintergrund greift die Nacht-Thematik soft auf, ohne schwer zu wirken. Die verschwommene Optik lässt genug Raum für verschiedene Interpretationen und visualisiert den Übergang von einer Pose zur anderen. Ahzumjot mag es, wenn das Optische mit dem Wort bricht und Kunst neben der leicht konsumierbaren noch eine tiefere Ebene hat.

Mit freundlicher Genehmigung von Haiyti.

MIESES LEBEN

`HAIYTI`

> *Diese Szene beschreibt meinen Zustand, und man weiß auch nicht, bin ich die Frau oder bin ich der Mann. In meinen Texten bin ich auch immer das Opfer und der Täter zugleich.*
>
> – HAIYTI

Artwork: Vanth (Nico Wagner)
3D-Artist: Steffen Bewer

Haiyti ist ein sehr kreativer Mensch. So verwundert es nicht, dass sie sich zu jedem Album ein Farbschema überlegt. Bei „Mieses Leben" entschied sie sich intuitiv für Orange.

Sie hatte seit dem Album „influencer" eine Idee, die sie nicht mehr losließ. Irgendwo hat sie ein Foto eines Vampirs gesehen, der eine Frau von hinten in den Hals beißt. Deshalb durchforstete sie Bücher, Magazine und das Internet, aber sie fand es nicht mehr. Sogar ihren Opa, den Drehbuchautor und Filmregisseur Herrmann Zschoche, bat sie um Hilfe. Er wälzte bei sich zu Hause noch einmal die Bücher. Doch keine Spur des Fotos.

Also zeichnete die Musikerin das auf, was sie im Kopf hatte, damit sie ihrem Grafiker Vanth (Nico Wagner) eine Inspiration geben konnte. Um den Vampir und die Frau dreidimensional darzustellen, holte sie den 3D-Künstler Steffen Bewer ins Boot. Jeden einzelnen Schritt besprach Haiyti mit beiden, und gemeinsam probierten sie verschiedene Ideen aus. Der Bogen, der das Paar überspannt, war mal detailierter gestaltet und mal simpler, ebenso wie die Plattform, auf der sie stehen. Das Fadenkreuz, das im Rahmen zu sehen ist, verwendet der Grafiker Vanth als eine Art Markenzeichen. Dieses Element brachte Haiyti damals dazu, ihn zu fragen, ob er mit ihr zusammenarbeiten möchte. Sie legte entsprechend Wert darauf, dass es auf dem Cover seinen Platz findet. Außerdem hatte es ihr der traurige Star angetan, der, umgeben von kleineren funkelnden Sternen, im Rahmen integriert ist.

Doch warum war sie überhaupt so fasziniert von diesem Vampir-Foto? Für die Musikerin passte diese Szene perfekt zu ihrem Album und auch zu ihr. Man weiß nicht, welche der zwei Personen sie verkörpern soll und ob sie am Ende die Gute oder der Böse ist. Auch in ihren Songtexten ist sie beides – Täterin und Opfer. Doch am Ende sind beide unsterblich und lebende Legenden, die die Darstellung des Todes umrahmt. Gleichzeitig symbolisiert die abgebildete Kerze aber Vergänglichkeit. Sowohl in der Wahl der Motive als auch im Mix aus zweidimensionaler Illustration und 3D-Skulptur steckt das Cover voller Widersprüche.

DAS BUCH-COVER

BURGERAMT

Stylefile

VANESSA SEIFERT & TAN ERBAS

DEUTSCHRAP

UNDER COVER

DIE GESCHICHTE HINTER DEN **ARTWORKS** VON ANFANG DER 90ER BIS HEUTE

DEUTSCHRAP UNDERCOVER

Bis hierhin haben wir verschiedene Cover analysiert und die Entstehungsprozesse festgehalten. Doch auch wir mussten uns fragen, mit welchem Cover wir den ganzen Artworks einen Rahmen geben. Schon während der Interviews stellte man uns immer wieder die Frage, ob wir wissen, wie das Buch-Cover aussehen soll.

Diese Frage klärten wir als, wir den Grafiker und Rapper Philipp „Füffi" Weltring anfragten. Dieser erzählt uns aus seiner Sicht, wie das Buch-Artwork entstand:

Als ich für die Gestaltung des Buch-Covers angefragt wurde, habe ich mich sehr gefreut, da ich in dem Interview zu „bugtape" (Seite 193) schon ziemlich viel über das Konzept des Buches erfahren durfte.

Ich denke, alle GrafikerInnen interessieren sich an irgendeinem Punkt in ihrer Entwicklung für Artworks und MusikerInnen-Corporate Identitys. In meinem Fall würde ich sogar behaupten, dass ich ohne die Connection zu Musik und im Speziellen zu Hip Hop nie Grafiker geworden wäre.

Was mich an diesem Projekt begeistert hat, ist, dass MusikerInnen und GestalterInnen gleichermaßen gewürdigt werden. Aus eigener Erfahrung weiß ich, was für Langstrecken man als Grafiker mit KünstlerInnen zusammen laufen muss, bis ein geeignetes visuelles Album-Konzept steht. Dementsprechend ist es superinteressant für mich zu sehen, welche Wege andere GrafikerInnen mit ihren KünstlerInnen zusammen gegangen sind.

In Kombination mit der offiziellen Auftragsanfrage bekam ich neben dem Wunsch nach einer illustrativen Arbeit auch mitgeteilt, dass eine gewisse Zeitnot vorherrscht.

Daher war klar, dass ich relativ schnell verschiedene Konzept-Vorschläge anliefern musste.

Um mich nicht komplett im „kreativen Nirvana" zu verlieren, ist für mich der erste Schritt bei jedem Projekt, eine grobe Zielgruppenanalyse zu erstellen. So auch hier. Dabei hangele ich mich meistens von groben Obergruppen zu spezifischeren Untergruppen, die das Produkt ansprechen soll. In diesem Fall hat alles bei Oberbegriffen wie „Hip Hop", „Grafik" und „Kunst" angefangen und mündete in Untergruppen wie „New Wave", „Straßenrap", „IllustratorInnen" und „Editorial DesignerInnen". Zu diesen Zielgruppen habe ich entsprechende gestalterische Stile recherchiert und daraus ein kleines „Look & Feel" gebastelt.

Nach den ersten Scribbles war relativ klar, dass ich ein Cover machen wollte, auf dem sich all diese Zielgruppen wiederfinden können. Um zu verdeutlichen, dass sich der Inhalt des Buches mit jeder Epoche der HipHop-Geschichte auseinandersetzt – von großen Evergreens über Untergrund-Veröffentlichungen, Geheimtipps oder Releases der Neuzeit.

Einer der ersten Entwürfe

Um auch die Grafik-Community anzusprechen, wollte ich zusätzlich kleine Easter Eggs einbauen, die den klassischen KommunikationsdesignerInnen vermitteln, dass es hier nicht nur um die Musik, sondern insbesondere um die Gestaltung und den Prozess dahinter geht. Daher habe ich beispielsweise Schnitt- und Passermarken auf dem Cover platziert.

Der Illustrationsstil, auf den wir uns nach den ersten Präsentationsrunden geeinigt haben, ist eine klare Referenz auf amerikanische Comics der 80er Jahre, bei denen oftmals mit dicken Outlines, flächigen Farbabstufungen und „Halftone Rastern" gearbeitet wurde. Diese Referenz soll insbesondere klassische HipHop-Fans abholen, da diese Zeitepoche auch der Geburtsphase der HipHop-Kultur entspricht. Um einen modernen Twist zu erzielen, habe ich das Ganze mit moderneren Texturen, Farb- und „Cut-Out"-Effekten kombiniert.

Funfact: Als ich dem Team meine Idee präsentiert habe, habe ich diesen Stil als „Hauptsache es ballert!" betitelt.

Für die zu illustrierenden Cover einigten wir uns im Kollektiv auf Alben, bei denen wir das Gefühl hatten, dass sie stellvertretend für ihre Zielgruppe funktionieren. Leider hat man nicht immer in der Hand, welche Bilder man interpretieren darf, daher konnten wir aus rechtlichen Gründen nicht alle von mir nachillustrierten Artworks nutzen. Auf das Cover geschafft haben es: „Zum Glück in die Zukunft II" von

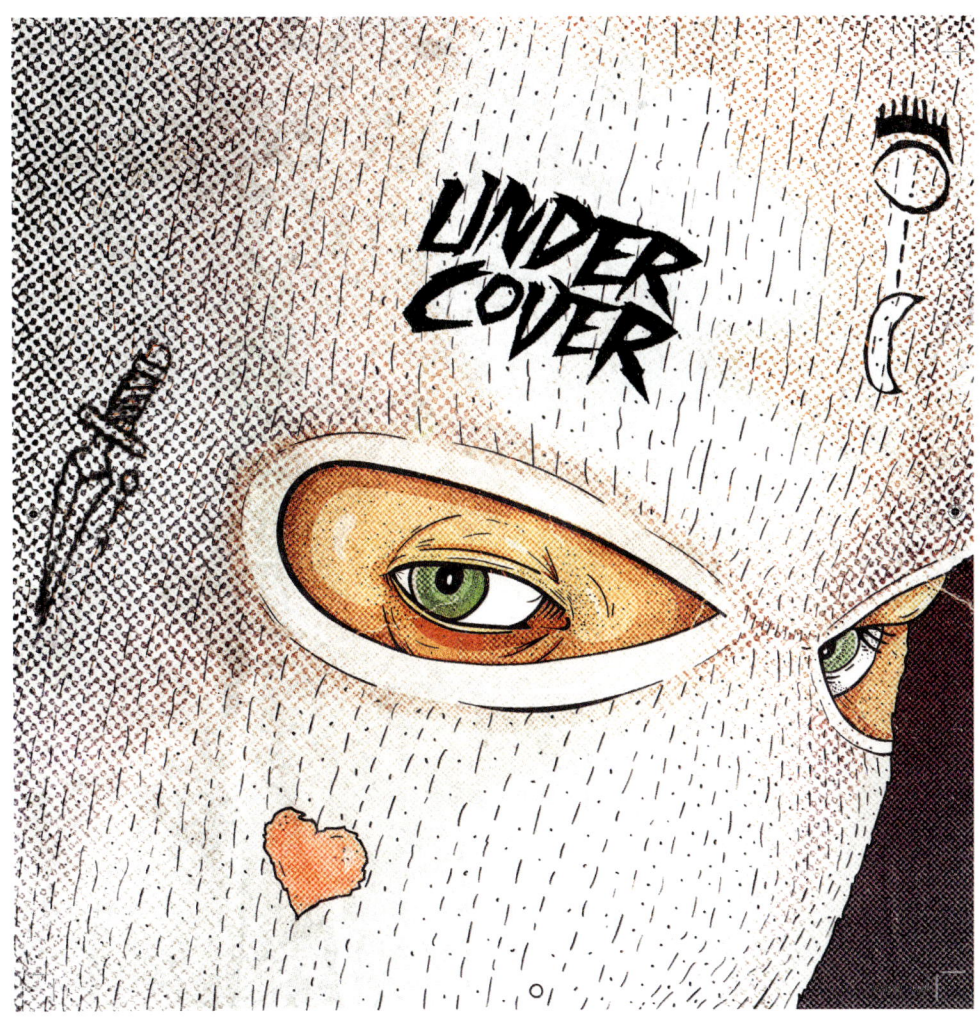

Illustrationen der Artworks

205

Marteria (Seite 107), „bugtape side a" von Dissy (Seite 193), „badmómz" von badmómzjay (Seite 195), „600 Tage" von Sierra Kidd (Seite 187), „Russisch Roulette" von Haftbefehl (Seite 109) und „Der Beste Tag Meines Lebens" von Kool Savas (Seite 65).

Neben der illustrativen Ebene war auch der Schriftzug selbst ein elementarer Bestandteil des Auftrags. Im ursprünglichen Briefing war noch von einer Bildwortmarke (also einer Kombination aus Icon und Schrift) die Rede - angelehnt an eine Grafik, die Vanessa bereits in einem eigenen Entwurf gescribbelt hatte.

Nach diversen Versuchen, alle Bildelemente unter einen Hut zu bekommen, entschieden wir uns allerdings dafür, auf ein Icon zu verzichten, da das Layout sonst überladen gewirkt hätte. Um trotzdem einen Wiedererkennungswert auf Titelebene zu erzeugen, war es mir wichtig, einen einprägsamen Schriftzug zu entwickeln. Dieser sollte

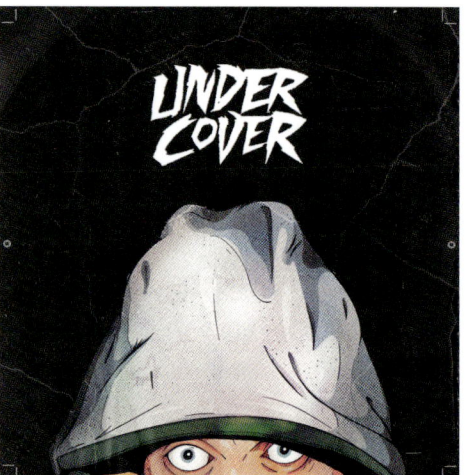

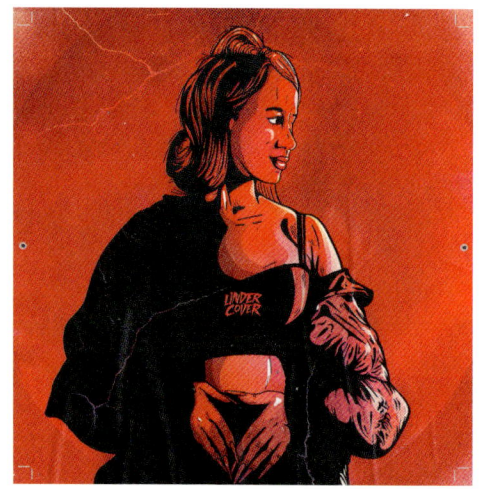

Illustrationen der Artworks

Illustration der Artworks

sich stilistisch an einem klassischen „Tag"
orientieren, in seiner typografischen
Ausführung aber eher einem modernen
„Handwritten-Scatch" nahekommen.
Damit der Schriftzug nicht zwischen den
Illustrationen untergeht, ergab sich
irgendwann die Idee, mit einem Sticker
zu arbeiten.

Der zugehörige Pantone Farbton 805 C
gibt der gesamten Gestaltung eine auf-
fällige Fernwirkung und vermittelt sozusagen als gestalterische Klammer zwischen
den verschiedenen Layout-Elementen.

Um die Zusammenarbeit von Stylefile
und dem Burgeramt auch auf grafischer
Ebene zu verbinden, entwickelte ich eine
Icon-Kombination aus der ikonischen
Burgeramt-Gabel, die auch im Original-
logo bereits vorhanden war, und einem
Marker, der symbolisch für den Graffiti-
Background der Marke Stylefile stehen soll.

DEUTSCHRAP

UNDER COVER

BURGERAMT X Stylefile

Finale Gestaltungselemente

ALLE COVER IM BUCH

210

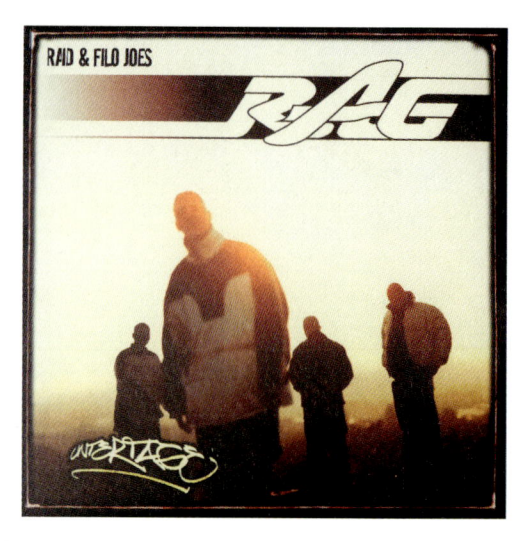

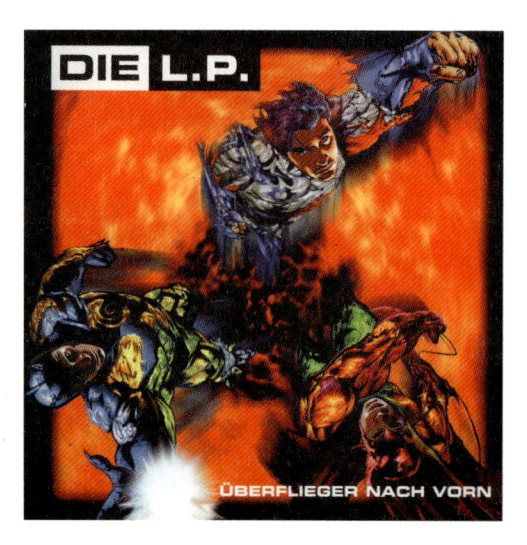

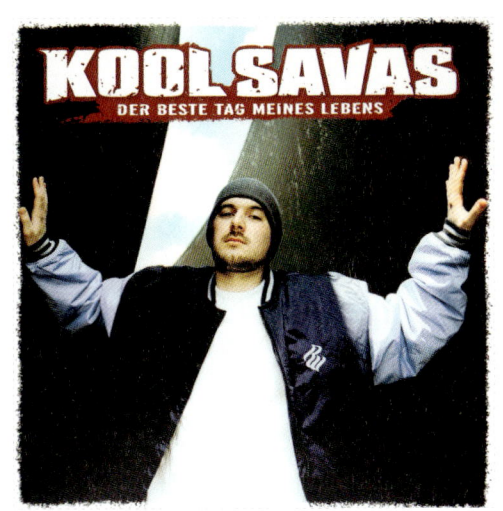

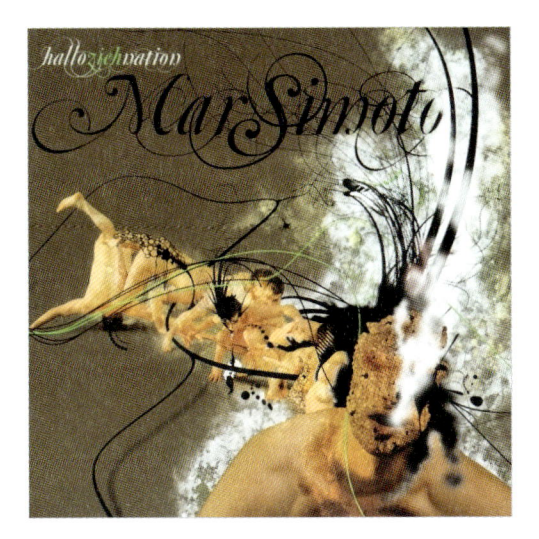

ALLE COVER

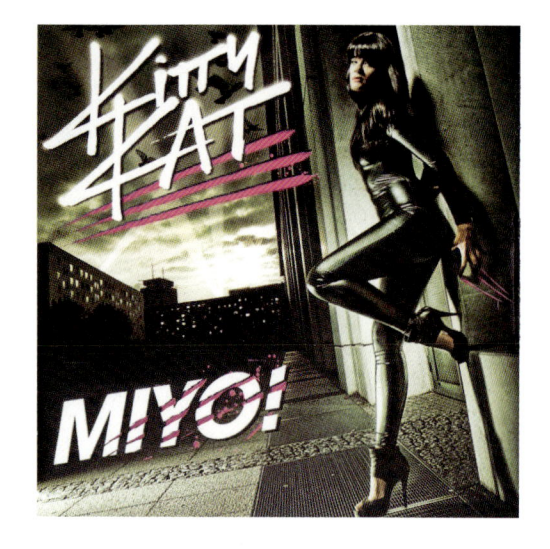

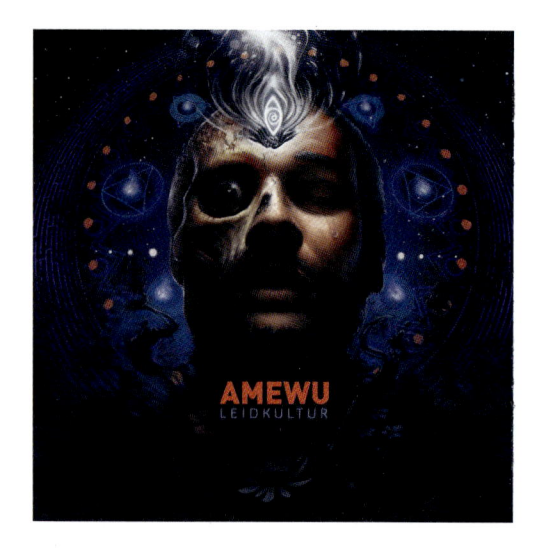

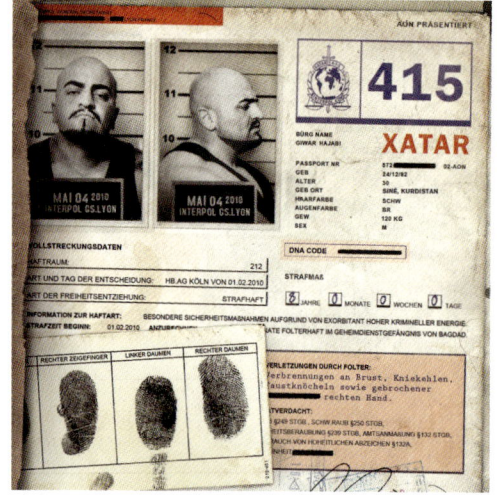

ALLE COVER

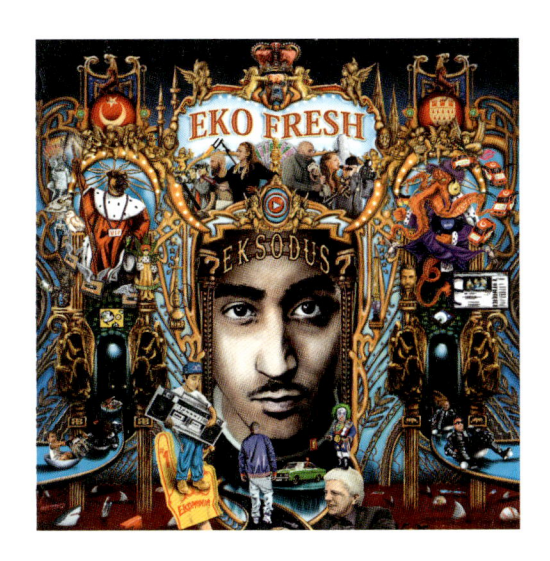

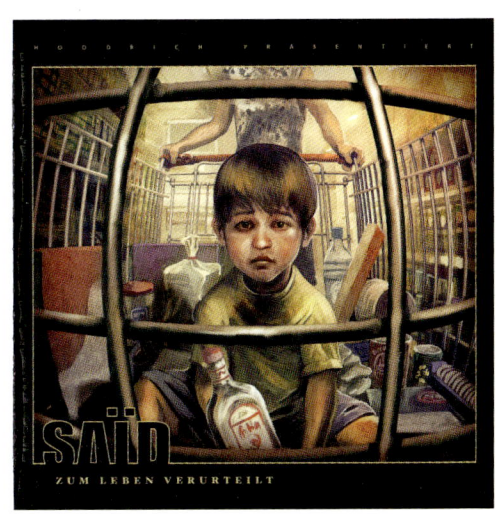

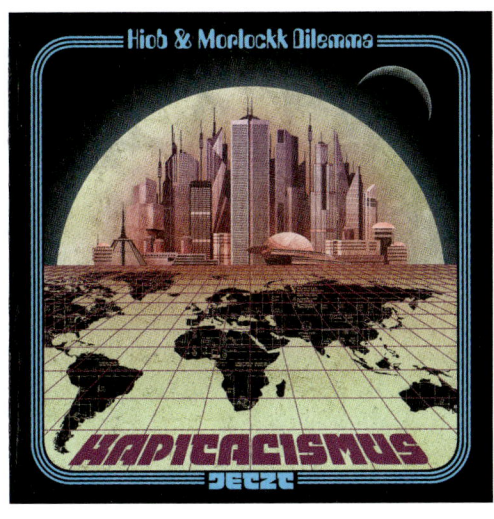

ALLE COVER

213

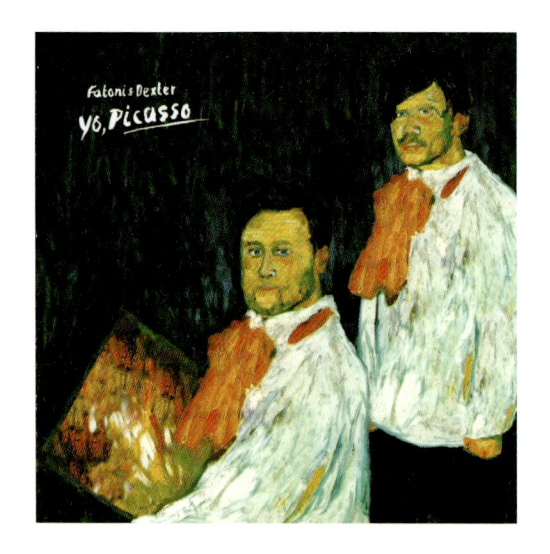

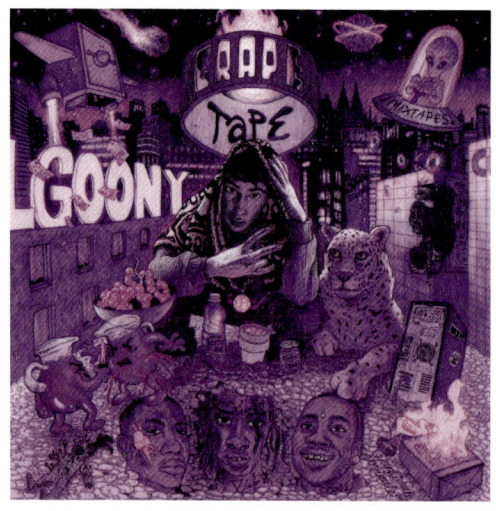

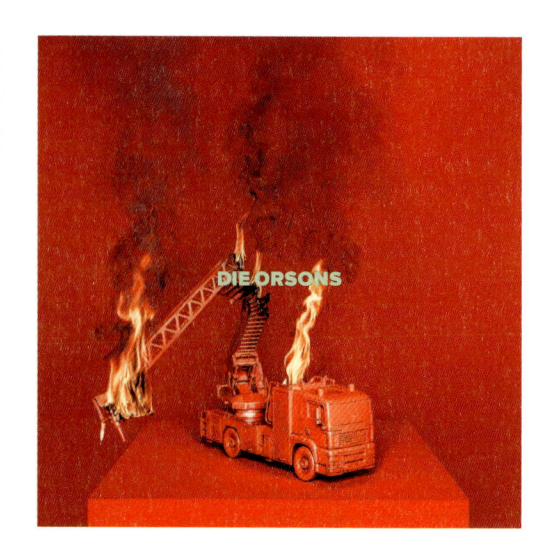

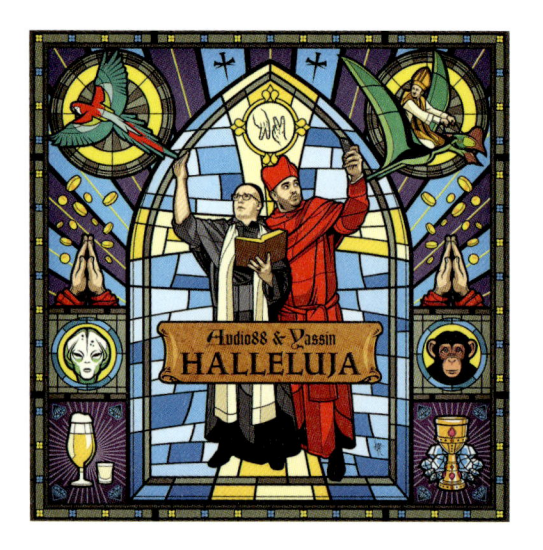

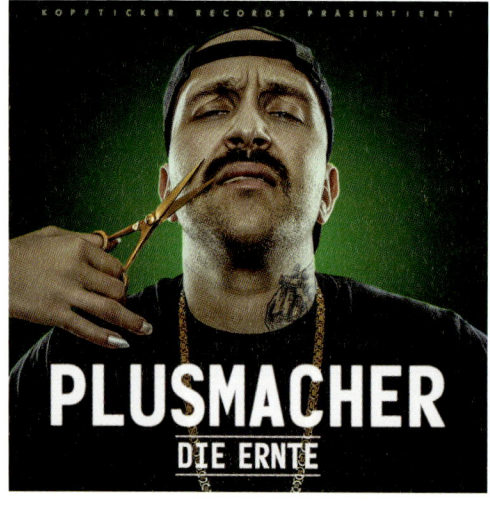

ALLE COVER

214

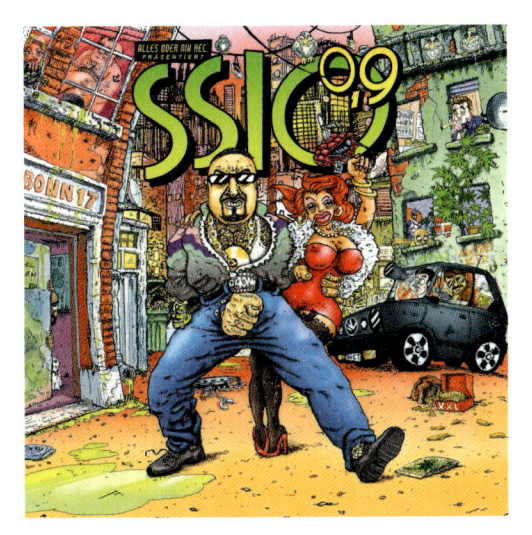

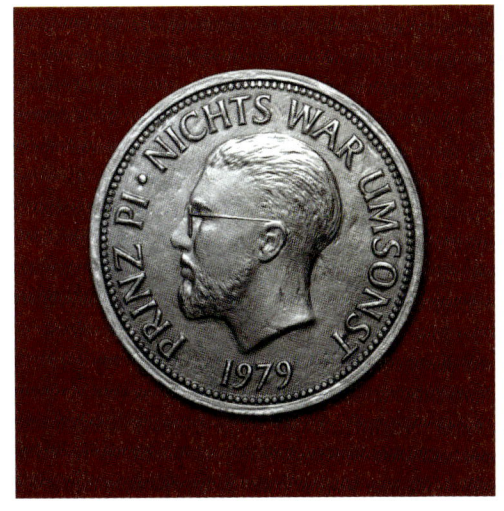

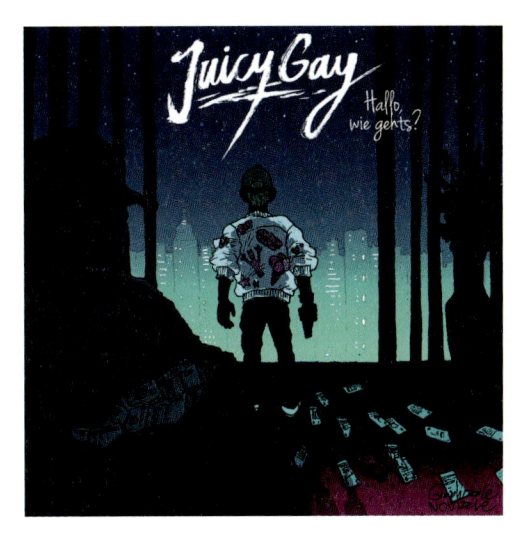

ALLE COVER

215

ALLE COVER

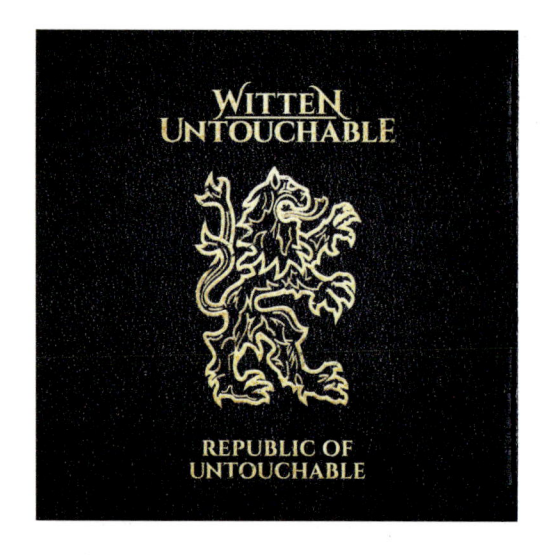

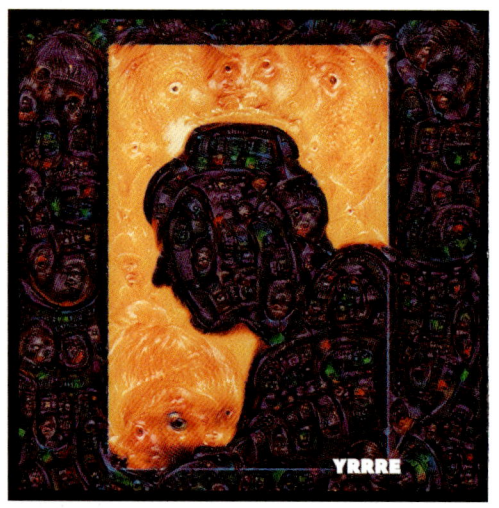

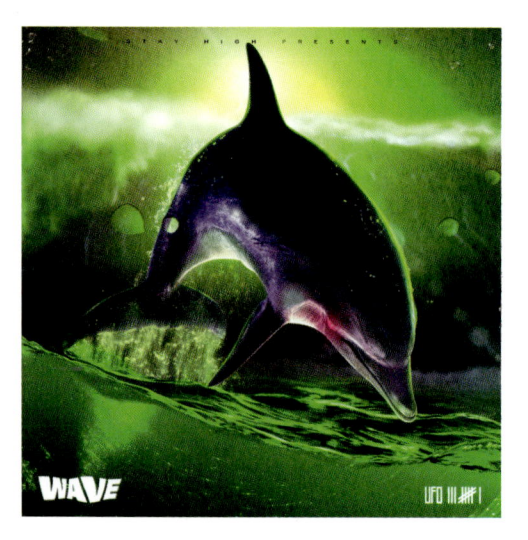

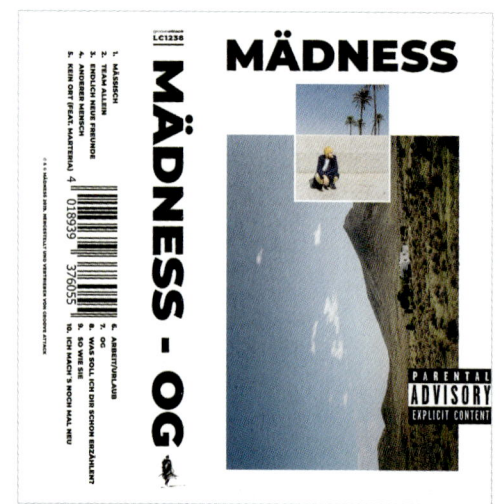

216

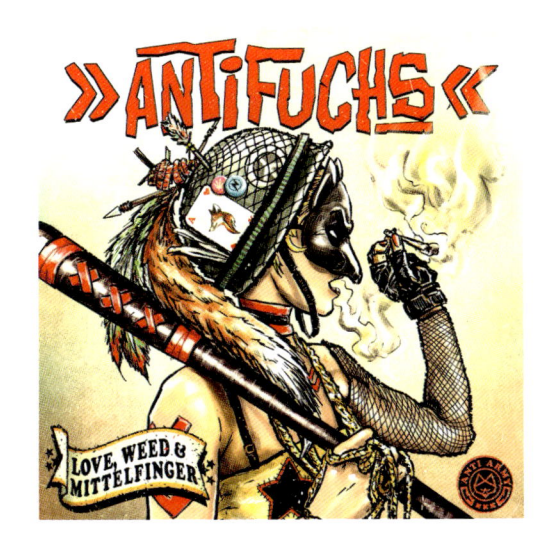

ALLE COVER

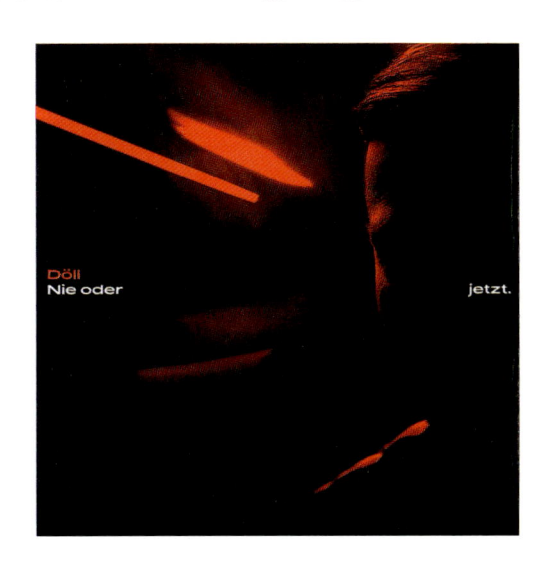

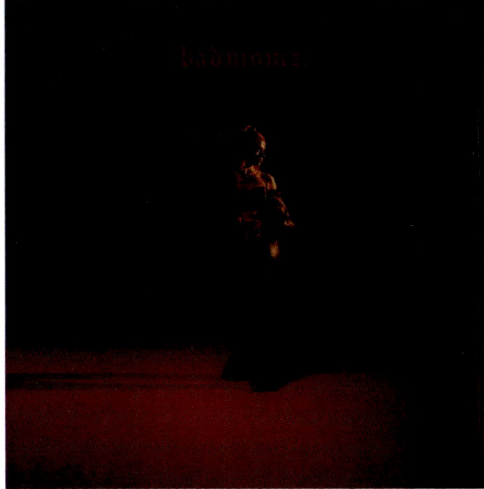

ALLE COVER

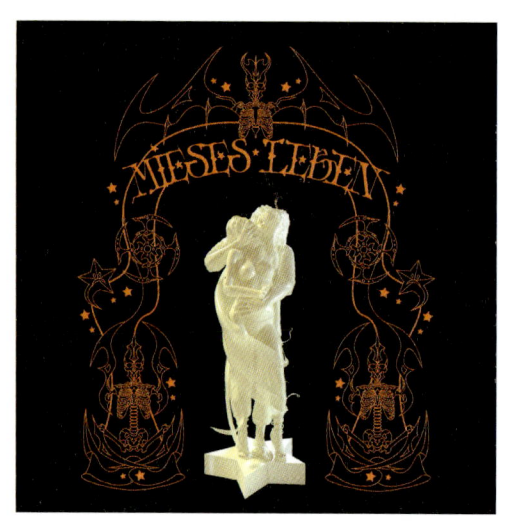

218

OUTRO

BEGRIFFSERKLÄRUNG

Cover/Artwork Die Worte „Cover" und „Artwork" verwenden wir als Synonyme.

Art Director Der Begriff „Art Director" beschreibt meist GrafikerInnen mit viel Erfahrung. Manchmal übernehmen diese die Ideenfindung und Leitung, doch sie gestalten das Cover nicht.

Photoshop „Photoshop" ist ein gängiges Bildbearbeitungsprogramm. Der „Stempel" ist ein Tool in diesem Programm, das Bereiche kopiert und auf andere Stellen überträgt.

Illustration Von einer „Illustration" spricht man, wenn etwas digital oder analog gemalt oder gezeichnet ist.

Retusche Eine „Retusche" ist eine nachträgliche digitale Bildbearbeitung, bei der meist störende Elemente entfernt werden.

Collage Bei einer „Collage" werden mehrere Bilder zu einem zusammengesetzt.

Font „Font" ist ein anderes Wort für Schriftart.

ÜBER VANESSA

Ohne den Optimus von Tan hätte sie vermutlich nie ein Buch geschrieben oder sich dieses Projekts angenommen. Vanessa ist gelernte Mediengestalterin und arbeitet seit Jahren als Grafikerin. Eher durch Zufall begann sie vor Jahren, über Rap zu schreiben und redaktionell zu arbeiten. Mit diesem Buch konnte sie beide Leidenschaften verbinden und ausleben sowie einige Projektmanagementskills erlernen.

OUTRO

Tan

ÜBER TAN

Tan, der Optimist bei dem Projekt, versammelt fast die gesamte Rapwelt in seinem Telefonbuch. Wenn er keinen Kontakt hatte, dann kannte er mit Sicherheit jemanden, den er danach fragen konnte. Er kann sich für vieles begeistern und ist bis heute Fan geblieben. Der Restaurant-Chef verfolgt die Hip Hop-Kultur und liebt es, Leute zu connecten. Das Burgeramt ist deshalb nicht einfach nur ein Restaurant, sondern ein Treffpunkt für LieberhaberInnen von gutem Essen, guter Musik und dem berühmt-berüchtigen One-Love-Gefühl.

DANKE AN ALLE INTERVIEWPARTNER:INNEN

27BUCKS
3Plusss
Adal Giorgis
Adopekid
Ahzumjot
Al Kareem
Alligatoah
Amelie Göppel
Amewu
Andreas Waldschütz
Antifuchs
Aphroe (RAG)
badmómzjay
Bastian Wienecke
Benjamin Kakrow (Typeholics)
Benno Gut
Björn Beton (Fettes Brot)
BRKN

Bureau Omega
Chehad Abdallah
Cora E.
Credibil
Curse
Das Bo
Die L.P.
Dissy
DJ 5ter Ton (Massive Töne)
Drift
Döll
Fatoni
Felix Schlüter (Typeholics)
Filatow
Fiva
Frauenarzt
Füffi
Goldroger

Graphizzle Novizzle
Haiyti
Harris
Jan Wirth (zentrale)
Joel Ferreira Carneiro
Jonas Kaltenkirchen
Juicy Gay
Kaas
Kai Wiechmann
Kamp One
Kike
Kitty Kat
Klaus Voormann
Kool Savas
Laure Maud
LGoony
Lukas Richter
Maeckes

Magdalena Paz
Marteria
Martin Stieber (Stieber Twins)
Marvin Game
Mathias Bothor
Megaloh
Melbeatz
Mikis Fontagnier
Milli Dance (Waving The Guns)
Monet192
Morlockk Dilemma
Moses Pelham
Mädness
Nico Wagner (Vanth)
Olexesh & Syn
Orfeo
Panik Panzer (Antilopen Gang)
Patrick Thiede

Paul Ripke
Pierre Striebeck
Pillath
Plusmacher
Prinz Pi
Robert Winter
Rob Vegas
Rockstah
Roger (Blumentopf)
Said
Samy Deluxe
Sierra Kidd
Stroh
Styronaut
Takt32
Tobias Honert (zentrale)
Toni Buschatz (kembograffx)
Tua

Weekend
WES21
Wolfgang von Geramb
WON ABC
YAEL
Yassin
YAWN
YRRRE
Yvonne Domava
zrkls

VANESSA UND TAN SAGEN DANKE

Wir danken erst einmal allen, die das Buch gekauft haben! :)

Danke an Laura Külper für den mehr als perfekten Buchtitel. Danke an Melanie „Mellow" Lueft, Bart Spencer und Johannes Roth für das fotografische Festhalten der Interviews. Danke an Tempel für jede Videoaufzeichnung und dass du mir, Vanessa, die Angst genommen hast vor einer Kamera zu sitzen. Danke an Lena Müller, Kristina Scheuner und Alex Barbian für eure Gastartikel. Danke an Peggy Kutzner, dass du uns immer einen Tisch im Burgeramt freigehalten hast. Danke an Cevahir Sadecolak für dein Vertrauen. Tausend dank an Dani Kabelitz, die jedes Füllwort rausstrich, die Sätze korrigierte und jeden einzelnen Text aufwertete. Danke an Philipp „Füffi" Weltring für das wunderschöne Buch-Cover, die unzähligen Korrekturschleifen, deinen Text und jedes beruhigende Wort. Danke an Zino für all deine Hilfe und jeden Kontakt. Danke an Stylefile und euren Glauben an dieses Mammutprojekt.

VANESSA DANKT

Tan, ohne Dich hätte ich mich das hier nie getraut. Danke, dass du nie an mir gezweifelt hast. Ich bin dir dankbar für all die Möglichkeiten und deinen unerschütterlichen Optimismus. Danke Laura Külper, die von Beginn an dieses Projekt und vor allem mich unterstützt hat. Danke an Felina Schmitz, die mich mit Essen versorgt hat, Texte gelesen und versucht alles etwas leichter zu machen. Danke an Annika „Shawty" Manick, die mir ihre Wohnung als Schreib-Ort zur Verfügung stellte, mit Kontakten aushalf und darauf achtete, dass ich Pausen machte. Danke an Nadin Raba, die in letzter Minute noch als zusätzliche Lektorin einsprang und mir immer half ruhig zu bleiben. Danke an Verena Hausser, Michelle Alius, Marcel Hennig und Henrike Ott, die nie an dem Ganzen hier gezweifelt haben. Danke an Mellow, die immer da war, wenn ich sie brauchte und mir mit Rat und Tat zur Seite stand. Danke an Gilbert Nagel und Can Herzberg, dass ihr mich vor Jahren zum Schreiben animiert und mir die Möglichkeit gegeben habt, mich auszuprobieren. Danke an Miriam Davoudvandi für jeden Kontakt und dein ganzes Vertrauen. Danke an Ralf Theil für deine Hilfe, deine Tipps und dein ganzes Wissen.

TAN DANKT

Vanessa, ohne Dich wäre dieses Projekt so niemals zustande gekommen. Danke für deinen Mut mit mir an das gleiche Ziel zu glauben und für deinen unermüdlichen Einsatz das ganze zu Papier zu bringen. Es war mir eine Ehre. Danke meinen drei wundervollen Kindern dafür, dass ihr meine Inspiration und Kraftquelle seid. Meiner besseren Hälfte und liebevollen Ehefrau Deniz danke ich für ihr Vertrauen, ihrer Liebe und ihrer unendlichen Loyalität. Till death do us Part.

BILDNACHWEIS

Seite 24
Fotografien von Laura Külper und Bart Spencer

Seite 25
Fotografien von Laura Külper und Bart Spencer

Seite 26
Fotografien von Melanie „Mellow" Lueft und Bart Spencer

Seite 27-29
Fotografien von Bart Spencer

Seite 32
Abbildung mit freundlicher Genehmigung von 3p

Seite 34
Mit freundlicher Genehmigung von Stieber Twins, MZEE Records/FHTF GmbH

Seite 38
Abbildung mit freundlicher Genehmigung von RAG

Seite 40
Abbildung mit freundlicher Genehmigung von Fettes Brot Schallplatten

Seite 42
Abbildung mit freundlicher Genehmigung von Fünf Sterne deluxe Records

Seite 44
Abbildung mit freundlicher Genehmigung von Harris

Seite 46
Abbildung mit freundlicher Genehmigung von Die L.P.

Seite 48
Illustrationen mit freundlicher Genehmigung von Vanessa Seifert

Seite 52
Abbildung mit freundlicher Genehmigung von BMG

Seite 54
Abbildung mit freundlicher Genehmigung von Put Da Needle To Da Records

Seite 56
Abbildung mit freundlicher Genehmigung von Deluxe Records

Seite 58
Abbildung mit freundlicher Genehmigung von RAG

Seite 60
Abbildung mit freundlicher Genehmigung von BMG

Seite 62
Abbildung mit freundlicher Genehmigung von BMG

Seite 64
Abbildung mit freundlicher Genehmigung von Essah Media GmbH

Seite 66
Abbildung mit freundlicher Genehmigung von Sony Music

Seite 68
Abbildung mit freundlicher Genehmigung von Green Berlin

Seite 70
Abbildung mit freundlicher Genehmigung von Snaga & Pillath

Seite 72
Abbildung mit freundlicher Genehmigung von Vienna International Records

Seite 76
Abbildung mit freundlicher Genehmigung von Chimperator

Seite 78
Abbildung mit freundlicher Genehmigung von Kopfhörer Recordings

Seite 80
Abbildung mit freundlicher Genehmigung von H&Z Entertainment

Seite 82
Abbildung mit freundlicher Genehmigung von Wolfpack Entertainment

Seite 84
Illustrationen mit freundlicher Genehmigung von Vanessa Seifert

Seite 88
Abbildung mit freundlicher Genehmigung von Universal Music

Seite 90
Abbildung mit freundlicher Genehmigung von Amewuga

Seite 92
Abbildung mit freundlicher Genehmigung von Alles oder Nix Records

Seite 94
Abbildung mit freundlicher Genehmigung von Trailerpark

Seite 96
Abbildung mit freundlicher Genehmigung von Adopekid und Eko Fresh

Seite 98
Abbildung mit freundlicher Genehmigung von Said & Filatow

Seite 100
Abbildung mit freundlicher Genehmigung von Universal Music

Seite 102
Abbildung mit freundlicher Genehmigung von MOFO Airlines

BILDNACHWEIS

Seite 104
Abbildung mit freundlicher Genehmigung von Essah Media GmbH

Seite 106
Abbildung mit freundlicher Genehmigung von Green Berlin

Seite 108
Abbildung mit freundlicher Genehmigung von Universal Urban

Seite 110
Abbildung mit freundlicher Genehmigung der Antilopen Gang

Seite 112
Abbildung mit freundlicher Genehmigung von Embassy of Music

Seite 114
Abbildung mit freundlicher Genehmigung von WSP Entertainment

Seite 116
Abbildung mit freundlicher Genehmigung von Lichtgang

Seite 118
Abbildung mit freundlicher Genehmigung von Chimperator, Danny Schuster und Nico Wöhrle

Seite 120
Abbildung mit freundlicher Genehmigung von Credibil und Mikis Fontagnier

Seite 122
Abbildung mit freundlicher Genehmigung von Chimperator

Seite 124
Abbildung mit freundlicher Genehmigung von MOFO Airlines

Seite 126
Illustrationen mit freundlicher Genehmigung von Vanessa Seifert

Seite 130
Abbildung mit freundlicher Genehmigung von Normale Musik

Seite 132
Abbildung mit freundlicher Genehmigung von Plusmacher und Alles oder Nix Records

Seite 134
Abbildung mit freundlicher Genehmigung von 385idéal

Seite 136
Abbildung mit freundlicher Genehmigung von Alles oder Nix Records

Seite 138
Abbildung mit freundlicher Genehmigung von Auf!Keinen!Fall!/Chapter-ONE

Seite 140
Abbildung mit freundlicher Genehmigung von Universal Music Group.

Seite 142
Abbildung mit freundlicher Genehmigung von Chimperator, Nico Wöhrle und Daniel Strohhäcker

Seite 144
Abbildung mit freundlicher Genehmigung von Kiezkunst

Seite 146
Abbildung mit freundlicher Genehmigung von T9

Seite 148
Abbildung mit freundlicher Genehmigung von Audiolith

Seite 150
Abbildung mit freundlicher Genehmigung von Keine Liebe Records

Seite 152
Abbildung mit freundlicher Genehmigung von WSP Entertainment

Seite 154
Abbildung mit freundlicher Genehmigung von Eartouch

Seite 156
Abbildung mit freundlicher Genehmigung von BESTE

Seite 158
Abbildung mit freundlicher Genehmigung von Immer.ready

Seite 160
Abbildung mit freundlicher Genehmigung von Irrsinn

Seite 162
Abbildung mit freundlicher Genehmigung von Benno Gut

Seite 164
Abbildung mit freundlicher Genehmigung von Normale Musik

Seite 166
Abbildung mit freundlicher Genehmigung von Stay High

Seite 168
Abbildung mit freundlicher Genehmigung von Mädness

Seite 170
Abbildung mit freundlicher Genehmigung von Irrsinn

Seite 172
Abbildung mit freundlicher Genehmigung von Warner Music Central Europe

Seite 174
Abbildung mit freundlicher Genehmigung von Universal Urban

Seite 176
Abbildung mit freundlicher Genehmigung von Döll

Seite 178
Abbildung mit freundlicher Genehmigung von Urban Tree Music

Seite 180
Abbildung mit freundlicher Genehmigung von Chimperator

Seite 182
Illustrationen mit freundlicher Genehmigung von Vanessa Seifert

Seite 184
Illustrationen mit freundlicher Genehmigung von Vanessa Seifert

Seite 186
Abbildung mit freundlicher Genehmigung von TeamFuckSleep

Seite 190
Abbildung mit freundlicher Genehmigung von Warner Music Central Europe

Seite 192
Abbildung mit freundlicher Genehmigung von CORN DAWG RECORDS

Seite 194
Abbildung mit freundlicher Genehmigung von Universal Music

Seite 196
Abbildung mit freundlicher Genehmigung von 27BUCKS

Seite 198
Abbildung mit freundlicher Genehmigung von Haiyti

Seite 201
Abbildung mit freundlicher Genehmigung von Philipp „Füffi" Weltring

DEUTSCHRAP UNDERCOVER

Die Geschichte hinter den Artworks von Anfang 90er bis heute.

Von Vanessa Seifert und Tan Erbas

EINE KOOPERATION VON
BURGERAMT ✕ Stylefile

Erschienen bei
Publikat GmbH
Bauhofstr. 30
D-63762 Großostheim
distribution@publikat.de

Redaktion & Layout:
Vanessa Seifert
vanessagraphie.de

Covergestaltung:
Philipp Weltring
Instagram: @lefueff

Lektorat:
Dani Kabelitz
Nadin Raba
Felina Schmitz

Erstauflage 11.2021
ISBN 978-3-949526-00-8

Alle Rechte vorbehalten.
Dieses Buch oder Teile dieses Buches dürfen nicht vervielfältigt, in Datenbanken gespeichert oder in irgendeiner Form übertragen werden ohne die schriftliche Genehmigung des Verlags.

Produziert in Litauen.

BURGERAMT **Stylefile**

MXD KIKE Patrick Thiele

Kitty Kat FILATOW Benno

Weekend Rob Vegas AMELIE